やまとの売上・店舗数推移

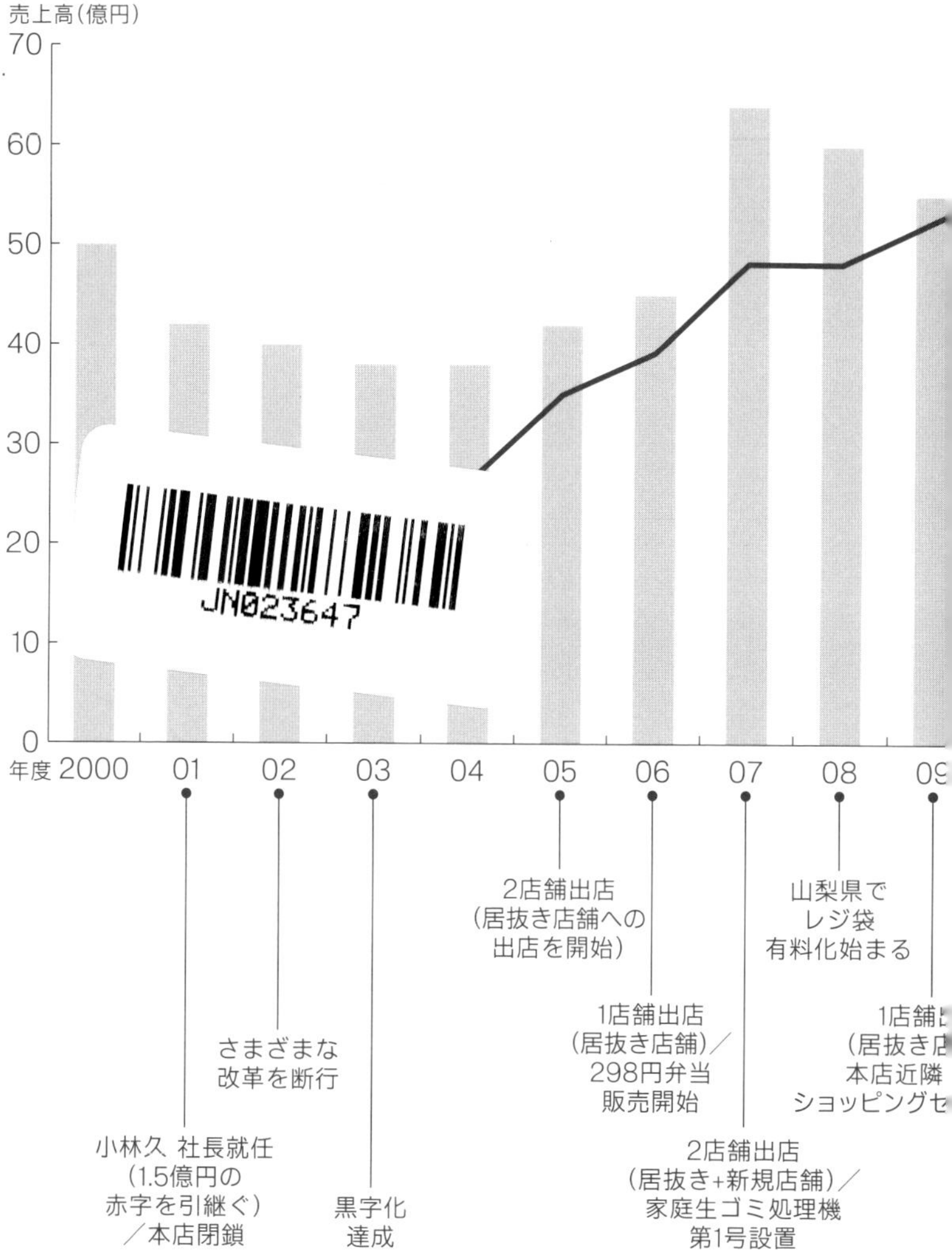

売上高(億円)
70
60
50
40
30
20
10
0
年度 2000
01
02
03
04
05
06
07
08
09
小林久 社長就任（1.5億円の赤字を引継ぐ）／本店閉鎖
さまざまな改革を断行
黒字化達成
2店舗出店（居抜き店舗への出店を開始）
1店舗出店（居抜き店舗）／298円弁当販売開始
2店舗出店（居抜き+新規店舗）／家庭生ゴミ処理機第1号設置
山梨県でレジ袋有料化始まる

続・こうして店は潰れた

地域土着スーパー「やまと」の挫折と教訓

やまと元社長
小林 久

同文舘出版

はじめに

「本日をもって、株式会社やまと並びに債務者小林久の破産手続きをすべて終了します！」

甲府地裁の小部屋に女性裁判長の宣誓が響く。淡々としたものだったが、私にはそれが仏の声に聞こえた。

２０１９年7月19日、スーパーやまととその連帯保証人だった私の破産事件裁判はそのすべてを終了した。会社と個人それぞれ5回ずつの合計10回、私は裁判所の債務者席に足を運んだ。倒産したのが２０１７年12月、警備員が配置されメディアも取材に集まった第1回の債権者集会が翌年3月、そしてそれから約1年半の時を経て、晴れて普通の「破産者」になることができた。

「やっと終わった……」

ご迷惑をおかけした債権者の方々と、やまとを愛してくれた従業員や地域のお客様に対する謝罪の気持ちを、あらためて心に刻んだ。

隣の控え室には、次の債権者集会に臨むのであろう、うつむき加減の男性が待機していた。きっと今は針のむしろだ。これから自分に降りかかる想像もできない未来を想像し、恐怖に押しつぶされそうな表情である。

「大丈夫ですよ！　時間はかかるけど、それも終わる日がくる」

声を掛けるわけにはいかないが、心の中で彼にそう語りかけた。

「たくさんの債権者が債権放棄してきました」

「会社を潰してこれだけ惜しまれた案件は初めてです」

裁判関係者からありがたい言葉もいただいた。

「参加者から酷い言葉を投げかけられないか？」

「他に自分も知らなかったご迷惑が飛び出してくるのではないか？」

債権者集会のたびに、1週間くらい前から気になり夜も眠れなかった。

「案ずるより産むが易し」とは言うが、それは乗り越えた人の言葉で、これから飛び込む者への慰めにはならない。

債権者集会は回を追うごとに参加者も減っていき、3回目くらいから小さな部屋に変更されていった。意見も異論も出ない、怒号もない。時間も10分程度資料を読み上げるだけだった。最後などきっと離婚調停に使用する規模の部屋だったかもしれない。

もし、あなたの会社が倒産して債権者集会に臨む立場なら、ひと言アドバイスを差し上げたい。

「案ずるより産むが易し」である。


105年の歴史に幕を下ろした倒産劇から早3年、社会はスーパーやまとがかつて存在していたことも、私が破産した「日陰者」であることもまったく関係なく、あたりまえの日常が流れている。


では、当事者である私はこの間どうしていたのか？

気にしてくださる方もそう多くはないと思うが、坊っちゃん育ちの倒産社長が地べたから見上げた景色もなかなか興味深い。

今まで気づかなかった社会や人々の反応、まったく変わらない業界の非常識など、こんな立場にならなければ気づかなかったことが多過ぎる。

「一度でいいから3連休を取ってみたい」と言っていた自分が、今では3年連休の真最中である。過度の休養は人間を錆びつかせる。「あいつは倒産してから丸くなった」などと言われるのは本意ではない。「お前が言うか！」とお叱りを受けることを承知で本書を書き留めた。

陽の当たる場所で一生を終えたかった私だが、そううまくはいかなかった。

同じ境遇で悩む人たちは多い。もがき苦しみ、みずからを袋小路に追い込み、命を絶つ……。私は手前まで行ってその景色を見てきた。本書は成功者のキラキラした復活話ではなく、会社を潰した人間の「負け犬の遠吠え」かもしれない。ただそこには、いくばくかの真実もあるはずだ。

私は経営者として失格だったが、人間として失格者ではないと信じて生きていきたい。

続・こうして店は潰れた　地域土着スーパー「やまと」の挫折と教訓　目次

第2章 三代目の若造社長、復活をかけ改革断行

第3章 誰かが喜ぶなら、迷わず即断即行

第4章 頼まれたら、選挙以外は断らない

第5章 夢の街への出店で、見えたもの学んだこと

第6章 やまと航海、終わりの始まり

第7章 破産後の日常

第8章 なぜ会社は潰れるのか？ 倒産社長の悔恨とメッセージ

カバーデザイン　加納裕泰
イラスト　高嶋健次郎
本文デザイン・DTP　マーリンクレイン

※本書は2018年8月刊行の『こうして店は潰れた　地域土着スーパー「やまと」の教訓』（商業界）を元に加筆・再編集したものです。

第1章
年末商戦師走某日、やまと突然の撃沈！

債権者会議の筆者の席

やまと沈没の瞬間――3年前のあの日

「2017年12月20日午後4時45分、株式会社やまとの破産手続きを開始する」

甲府地方裁判所の一室に、裁判官の宣言が響きわたった。破産宣告である。

大正元年に山梨県韮崎市で鮮魚店から商いを始めた「スーパーやまと」は、この瞬間に105年の歴史に幕を閉じた。やまと〝沈没〟の瞬間だった。

私と私の代理人弁護士、破産管財人を含め10人ほどの関係者の中、破産処理の段取りが説明されていく。悲しい、悔しい、怖いなどといった自分が想像していた感情はなかった。

その部屋には、良いとか悪いとかいう空気はない。破産者である会社とその社長である私はもう実体のない〝物体〟であり、あくまで経営破綻の一つとして粛々と処理されていくのである。警察からの呼び出しもない。

独りになると、さまざまな感情が交錯する。

「これからどうなるのか?」

「死んでお詫びをするのだろうか?」

「生きていくにも無一文、生活はできるのか?」

自分のことばかり気にかかる……。人間はそんなに強くない。

会社は倒産、自分も破産などというシナリオはまったく想定外だった。

１００年以上続いた老舗の坊っちゃんで、若くして山梨県の教育委員長を務め、流通業界でも先んじて、いわゆる〝買物難民〟のために移動販売車を走らせた。県内のレジ袋の有料化を推進し、生ゴミの堆肥化に取り組み、ホームレスを雇用し、テレビドラマのロケに店舗が何度も使われるなど、企業規模に似合わずメディアの露出は山梨県ではナンバーワンだった。

「人とは違うやり方で、この厳しい流通業界を生き抜いてやる！」という闘争心――あまのじゃくで負けず嫌いであった私には、このやり方でしか生きていく術がなかった。

資産もノウハウもなければ、大手チェーンの傘下でもない。接客だってお客様の満足にはほど遠いレベルだ。３００回を超えた自身の講演会でも、「やまとの社長です。だから最後は沈みます！」と笑いを取っていたが、いまとなっては全然笑えない事実である。

「ざまあみろ」

「それ見たことか」

「きれいごとで経営ができるか」

「お人好しめ」

業界関係者はさぞかし溜飲を下げたことだろう。業界の闇や都合の悪いことを次々に世に出してしまう、目の上のたんこぶが自滅したのだから。

倒産劇は一本の電話から

２０１７年12月6日水曜日の早朝、親子三代の付き合いでもある長年の取引先の社長から、私の携帯電話に連絡が入った。

「やまとが今日倒産するという話が市場で出ている！　本当なのか？」

ネタ元は金融機関だと言う。まあ、守秘義務のある金融機関も担当者レベルでは管理されていない場合も多い。よく聞く話でもある。

「そんなはずはない。これから年末商戦に入るし、クリスマスやおせち料理の販売もある書き入れどきだ。忘年会を控えた居酒屋が年末を前に店を閉めるわけがないのと同じだ。来週以降のチラシ広告も発注済みだし、従業員はみんなやる気満々だよ！」

当然のように、私はそう答えた。

もちろん、厳しい経営状況が続いていたので、これまでも人の噂話や根拠のない中傷はあった。スーパーマーケット業界で目立っていろんなことを発信している私に対して、おもしろくない感情を持つ競合他社も多かった。

　私は自分がされて嫌なことは人にはしないようにしてきたが、業界の中で若い私を攻撃するのは、共感も得やすかったことだろう。

　おまけにどこの傘下にも入らず、業界内での連携もしなかった。面倒くさいことが嫌いで、考えるより先に行動する性格だった。

「やまとがやばい」などという噂は慣れっこである。言いたい奴には言わせておけばいい。

　多少重い気持ちのまま、いつものように出勤して店の2階にある社長室に身を置いた。すると、すぐに店長から連絡が入った。

「社長、今日納品予定の酒がまったく入ってきません。業者に確かめたら、発注のシステムエラーが原因だそうです。いつ復旧するかもわからないと言っています！」

「おいおい、冗談じゃない！　商品が入ってこなければ商売ができないじゃないか。こんな大事な時期に大会社のコンピュータが故障なんて本当か？」

　店長からの報告に、わが耳を疑った。調べると、他のスーパーには普通に納品されていた。すぐさま別の店舗の店長からも連絡が入った。

「社長、魚問屋からも納品がありません。これではケースが空っぽになってしまいます！」

心配になって店を回ってみたが、報告のとおり商品は納入されていなかった。ほかにも、菓子問屋からの納品は広告商品のみで、定番商品はなかった。ハムも入荷していない。ちょっと状況がおかしい。いままでと違うと、私は本能的に感じた。

別の店舗からは「米問屋が売場から商品を引き揚げています」と連絡が入った。営業中の売場から商品を持ち出すなんて、お客なら万引きとして捕まる行為だ。店長が話を聞いたら、「やまとが潰れるらしいから商品を引き揚げる！」と言われたそうだ。商品を入れてもらえない以上、営業継続は困難である。

悔しかった……。

こうなると噂が噂を呼ぶ。従業員にも不安が走る。金融機関からの問い合わせの電話も複数あった。

問屋やメーカーは売掛金回収不能を防ぐため、常日頃から納入先の経営状況を調べている。いわゆるリスク管理である。経営の厳しい商店には支払いを早くさせ、潰れても被害がないように保証金を取るのである。やまとはその酒問屋に対して１２００万円もの保証金を支払わされていた。

もちろん優良企業や大手企業からは取りづらいので、問屋もメーカーも口には出せないのが現実である。

一方、弱小企業はそもそも信用などされていない。やまとは経営が厳しくなったため、3年前からすべての取引金融機関に経営改善計画書を提出し、借金の元本返済を猶予してもらい、利息だけ払うという金融支援を受けていた。それだけでも十分、信用不安の材料ではあるのだが……。

信用調査会社はこうした会社の情報を仕入れ、問屋やメーカーに有償で提供している。彼らはよく調査にやってきた。金融機関にしか報告しておらず、漏れるはずのない数字がそのまま調査書に書いてあった。

金融機関の協力の下、加えて長年の取引業者の支払サイト延長の協力などもあり、やまとは今期4年ぶりに経常黒字で推移していた。血の滲むようなコストダウンと、従業員の頑張りが功を奏していた。メインバンクの一角である金融機関からは、債権放棄を含む抜本再生の提案もあり、それに沿って経営改善を目指していた。

それなのに、なぜここにきて信用不安が一気に押し寄せたのか？　いまもって謎である。

最悪の中でも最善の方法

ときを置かずして、話を聞いた長年の取引先の社長たち3人が本社を訪ねて来た。

「ちょうどいい、みんなで話をしましょう」と会議室に入ってもらった。

「社長、いろんな話が出ているが、本当のところはどうなっているの？」

「皆さんのご協力のおかげで、やまとは今期黒字で推移している。経営が厳しいことに変わりはないが、これからは良くなっていくので今後も協力をお願いしたい」

そこに集まった3人の会社からは何不自由なく納品してもらっていたし、支払いも厳しいときには融通を利かせてもらっていた。やまとを支えてくれる最重要取引先であった。

ひとりの社長が落ち着いた口調で、私を諭すように言った。

「これから年末に向けて、私たちもたくさんの商品をやまとに納品する。噂が出ているように、やまとが年末や正月に倒産してしまうと、我々納入業者も連鎖倒産してしまう。社長がこれまで頑張ってきたことは、みんなわかっている……」と、社長はいったんここで言葉を切り、やや間を空けて続けた。

「でも、ここから頑張っても、個人のスーパーが生き残れる時代じゃない。我々もやまとと共に頑張ってきた。我々もいまなら乗り切る体力も残っている。決断するならいまだよ、小林さん！」

同じようなことは金融機関や専門家からも言われてきた。しかし、いままで命を賭けてつないできたから、一般論を振りかざされても、これまで決して首を縦に振らなかった。

「大丈夫！　心配ない！　なんとかなる！」が私の座右の銘だった。

だが、いままで身内のように付き合い、同じ悩みを持つ取引業者からの忠言である。高圧的でも同情的でもなく、あくまでも仲間としての意見だった。

「それでいいんですか……？」と、私は少し考えた末に答えた。

「皆さんがそれでいいとおっしゃるなら、会社を閉じます」という言葉が自然に出てきた。

「言うとおりにしよう。それがみんなにとって、最悪の中でも最善の方法だ」

私はそう覚悟した。

３人が会議室を後にすると、私はすぐに当日休みを取っていた店長含め全幹部を本社に集めて臨時役員会を開催した。そして彼らに「もう問屋から商品が入らない。今日の夜８時をもって全店営業停止する」と伝えた。

店長たちは急に私に呼ばれたこともあり、ある種の覚悟をしていたようにも見えた。取り乱したり、責め立てたりする者は誰ひとりいなかった。全員がうつむいていた。

夜8時まで勤務している従業員には店長の口から今日で全店閉店すること、休みの従業員には明日朝出勤したときにその旨を伝えること、取引先から連絡があったときは社長が本社にいて対応すると伝えること——連絡事項はこの程度だった。

その後私は顧問弁護士の元に向かい、全店営業停止と、会社ならびに社長である私の破産を告知する貼り紙をつくってもらい、閉店と同時に入口に貼るように全店に配布した。

12月6日、朝起きたときには今日が会社の「命日」になるなどとは思いもしなかった。しかし、年末商戦に大手の取引先から商品が仕入れられなかったら、売場は空っぽになり、とても営業などできなかっただろう。楽しいクリスマスや年末年始の食卓を飾る食品を、売場が空っぽのスーパーで買う気にはなれないし、もしそうだったらお客様に対して失礼な話である。

自分では気づかなかったが、もうその流れの中にいたのかもしれない。

「これでよかったんだ、きっと……」

私は誰にともなく、つぶやいた。

運命のときまでの数時間

全店舗の営業停止を決め、すべての指示を終えると、午後6時。運命のときまで、まだ2時間ほどあった。

本社のある店舗の駐車場には、噂を聞いて駆けつけた新聞記者の車もあった。混乱を避けるためにも、夜8時までは会社にいないほうがいいと思い、私はしばらく会社を離れた。

私の生まれた山梨県韮崎市には「わに塚の桜」という桜の名所がある。市内を一望できる高台にあり、その力強さに元気をもらいたくて、よく訪れていた。

「もう来られないかもしれないな……」と思い、桜に別れを告げに行った。

桜の木のそばには、がんで去年亡くなった同級生の家があった。中学校での席順が前後で、音楽好きという共通の趣味から気が合い、お互いの家を行き来した仲だった。好きなロックのライブにも数えきれないほど一緒に行った。

「自分が苦しいときほど人に優しくしろ」と、ある本に書いてあった。

友だちや身寄りが少なかった彼を見舞い、時間をやりくりしては病院に励ましに行った。病状が悪く、気づいたときには手遅れだったので、がんと告知されてから3カ月で逝ってしまった。最期を看取ることができたが、自分の代わりに彼が死んだのだと思った。彼の分まで自分も頑張ろうと心に誓ったが、いま、その友人に対して「やっぱり俺も駄目だったわ。精いっぱい頑張ったけど、ごめんな」と心の中で謝った。

当時、私は商工会の副会長を仰せつかっていたので、本社に戻る途中、会社の近くにある商工会の事務所に立ち寄った。そこでは長年お世話になった商工会長や職員さんたちがまだ仕事をしていた。

彼らに今回の経緯を話し、ご迷惑をおかけすることをお詫びし、即席の副会長の退任届を提出した。印鑑を持っていなかったので拇印を押した。

商工会では私はいつもおちゃらけていて、みんなを笑わせていた存在だっただけに、彼らは驚きを隠せない様子だった。とき、夜8時5分前だった。

そしていよいよ夜8時、会社を閉じる運命の時刻がやってきた。

私は本社に戻り、社長室で待機した。「逃げない！」と腹をくくり、想像もできない明日に向けてゲートをくぐった。

静かだった。いつもと何も変わらない。それがかえって怖かった。決断するのはたやすいが、実行するには恐怖が伴うものだ。

そこへ、店の駐車場に停車していた車から、新聞記者が店舗2階の本社にやって来た。

「やまとが全店営業停止と聞いてやって来ました。社長さんにお話をおうかがいしたいのですが……」

若い女性記者だった。私は「どうぞ」と言って彼女を招き入れ、今回の経緯や今後の状況を説明した。

話をしているとき、女性記者が言った。

「私はやまとさんが閉店してしまうことが悔しいです。これまでお年寄りをはじめ地域のために頑張ってきた会社が潰れてしまうなんて悲しいです」

彼女の目から涙がポロポロこぼれていた。

「ありがとう。でも、あなたが泣くことはないんだよ。悪いのは社長の私なんだから」

独占取材というより私が彼女を慰めていた。

朝刊一面トップでの報道

翌朝12月7日、地元紙の一面トップに「スーパーやまと全店閉店　9店180人解雇、

破産申請へ　競争激化 負債16億」という文字が躍った。

「一面トップか？」

こんなに影響があることなのか？　事の重大さに私は呆然とした。いまでは珍しくもないローカルスーパー倒産の記事など、経済面か地域面に小さく載る程度だと思っていた。

紙面には閉店間際の店舗写真と共に、昨夜の取材内容が詳細に書かれていた。

「やっぱり夜逃げするしかないか……」と、私は少しうろたえた。

しかし、記事を読み進めていくうちに「何か違う」と思い始めた。その文面は自分が想像していた内容とまったく違うものだった。

「やまとは高齢者の買物支援のために移動販売車を走らせていた」

「全県のレジ袋有料化の先鞭をつけた」

「環境への取り組みに熱心だった」

「地元のJリーグチーム、ヴァンフォーレ甲府のスポンサーだった」

「社長は山梨県の教育委員長を務めていた」

記事には、やまとのこれまでの活動に対する評価が並べられていた。昨夜取材に訪れた女性記者との会話の中で、そのほとんどの時間を費やした内容だった。

私は会社を潰した責任者であり、これから債権者にお詫びをしていかなければならない。

従業員の再就職や取引業者に対する謝罪も、休む暇なく動かなければならない。責められるべき自分が、いまさら評価されても意味のないことだった。

コンビニに行ってほかの新聞も買って読んでみたが、内容はほぼ同じだった。

新聞報道を受けて、今度はテレビの取材が津波のように押し寄せた。

逃げないと決めた私は、すべてのメディア取材に自分の口で正直に答えた。同じ質問に対し、同じように真摯に答えた。メディアにはこれまでもお世話になったからだ。自分が不利な状況のときだけ取材を拒むなんて男らしくない。長女が勤める放送局もやってきた。夕方、地域のテレビニュースが始まる。山梨では民放２社とＮＨＫの３社あるが、いずれもトップの扱いだった。

「買物難民発生！」

「高齢者が買う店がどこにもない！」

やまと倒産を告げる報道と共に、「これからどうするんだ！」という内容だった。

恐る恐るネットを検索してみても同様だった。

「やまと、これまでありがとう！　どこも良いところなかったけど大好きだった！」

「子どもの頃から親しんだやまとがなくなるなんて寂し過ぎ。お母さん朝から泣いている」

「山梨県民にとって、ヴァンフォーレ甲府がＪ２に降格したのと同じくらいショック！」
「移動販売車に命をつないでもらっている高齢者はどうする？　行政なんとかしろ！」
「あのチャラい社長のことが心配、大丈夫かな（泣）」

メディアはやまとの倒産を「社会問題」と捉え、次々と報道を重ねていった。一部は行政批判に走り、やまとが消えた町の役場には消費者からのクレームが相次いだという。やまとは店のない地域や買物の手段のない高齢者にとって、命をつなぐライフラインだったことを思い知らされた。

想定外だった。困惑した。

あたたかい言葉のオンパレード

営業停止した翌日以降も、私は毎日いつものように会社に出勤した。

代理人弁護士からは「会社にいなくても構わない」と言われたが、逃げ場所もなかったので覚悟を決めて社長室に待機していた。

そして、ご迷惑をかける取引先や店舗の地主さんなどお世話になった人々、思いつく先には直接電話をかけてお詫びをした。

代理人弁護士が付いた後は、債務者である私は債権者と直接やりとりすることを制限される。債権者の公平性を保つためだそうだ。

「社長を出せ！」と、怒号が飛び交う破産会社の事務室。

「何かあったら警察を呼べ！」

常識的に考えて、こうなると思っていた。

しかし、そうではなかった。電話をかけた先々で、こう言われた。

「社長、大丈夫かい？」

「債権放棄するから早く帰ってこい！」

「飯でも食いに行こう！」

「従業員の面倒見るから心配するなよ！」

そんなあたたかい言葉のオンパレードだった。

本社にも、債権者である取引先が次々に訪れてきて、こう言ってくれた。

「いままで取引させてもらって感謝している。社長のおじいさんには世話になった」

「地域密着のやまとさんと取引させてもらって光栄でした」

「苦しいなら言ってくれたらよかったのに、水くさいよ社長！」

その中には「残務処理もたいへんでしょう。皆さんで召し上がってください」とケーキの差し入れまでしてくれる業者もいた。パン業者も食べきれないくらいの菓子パンを差し入れてくれた。

自分は会社を潰した債務者であるにもかかわらず……。

報道で倒産を知った消費者から、連日のように感謝と惜別の手紙が届いた。誹謗中傷の手紙や嫌がらせの電話はいままで一つもない。

形はどうあれ、多くの方々がやまとや自分の復活を願ってくれている。

「逃げなくてよかった、本当に……」

私は手を合わせた。

会社は倒産すると「民事再生」や「自己破産」などの手法に沿って処理が進められる。やまとの場合は急でもあり、スポンサー企業を探す時間もなかったため、「自己破産」を選択せざるを得なかった。

会社の資産を現金化して、払わなければならないものに充てるが、債務超過の状態が続いていたため、そのすべてを支払うことはできない。社長である私は銀行からの借金や問屋との取引に際しての連帯保証人であるため、会社の自己破産と個人の自己破産を両方することになる。

それができなければ会社の清算はできないし、個人の再生などもってのほかだ。従業員の再就職だって大幅に遅れてしまう。いわゆる「夜逃げか自殺」の世界に入り込む。

破産処理には莫大な費用がかかる。負債総額に比例して、その金額は跳ね上がる。やまとの場合、負債額16億円に対する裁判所への予納金が４００万円、代理人弁護士に対して同額の４００万円、個人の破産処理に裁判所へ50万円、同じく代理人弁護士に50万円、消費税や通信費などを含めて１０００万円近い現金が必要なのだ。

その日の売上を翌日の支払いに回すような自転車操業の会社に、そんな手持ち資金はない。もしあったら会社の資金繰りに組み入れているはずである。中小企業とはそういうものだ。

さて困った……。「地獄の沙汰も金次第」とはこのことだった。万事休すだった。裁判所に破産申請を提出する期限までの２週間、最低でも会社分の５００万円の現金が必要だった。

しかし、捨てる神あれば、拾う神あり。

「社長いるかい？」

本社店舗の地主さんが訪ねてきた。長年お世話になっている高校の先輩でもあり、親子三代のお付き合いである。家賃の支払いもできず迷惑をおかけしている債権者でもある。「大変だったね、変なこと考えちゃダメだぞ！」と励ましてくれた。そして「いろいろ要り用だろ？　少ないけど足しにしてくれ」と茶封筒に入ったお金を渡してくれた。帯封がかけられていた。

あまり泣き虫ではない私も、その厚意に泣き崩れた。命を繋いでくれる大切なお金だった。「みんなにも声をかけてあるから！」そう言って彼は長居もせず帰って行った。

それからは毎日、友人たちがひっきりなしに会社を訪れた。

「ヤクザとかいないのか？」とか、「夜逃げするなら住むところは世話するから」「倒産した会社に入れるなんて滅多にないからな」などと、こちらの気も知らないでズケズケやってくる悪友たち。その全員、私が生きてお詫びをするためのお金を持って……。

貯金箱を会社に届けてくれた人、学校で私の話を聞いて大人になった当時の小学生……。

ときを同じくして、友人が立ち上げてくれた、やまとをしっかり破産処理させるためのクラウドファンディング（リターンは私がしっかり再起することしかない）が開始され、さまざまな方から支援金が集まった。

振込名「ヤマトマンガンバレ」では、お礼も言えない。

県内外から、そして見ず知らずの人までがカンパをしてくれた結果、全部で３００人超、その額合計３０００万円ものカンパが集まった。想像を超える莫大な金額だった。

「こりゃ死んでお詫びするなんて言っている場合じゃない……」

「会社が潰れる前にくれたら助かったのに……」と悪友に言うと、「バカ！　潰れる前にくれる人がいるか」と叱られた。そして「この金はお前がいままでやってきたことへのお返しだよ、きっと」と諭された。そうだとしたら過大評価だと思う。

私はすぐさまそのお金で裁判費用１０００万円を払い、残りは未払いだった公的支払い等に充て、１年間の生活費として残りの２００万円だけ妻の口座に入れさせてもらった。

「生きて頑張れ。必ず戻ってこい！」のメッセージは当時の私にとって有り余るパワーをもたらしてくれた。日本で一番幸せな破産者である。感謝してもしきれない。私は私を救ってくれた人たちへの恩返しを最優先に生きていく。それ以外の人への恩返しをしていく余力はいまの自分にはまだ備わっていない。……まだ。

バッジをつけた人たちも大勢支援してくれた。そのことを知り、「政治資金規制法に違反する恐れがあるから控えたほうがいい」と忠告した古参議員がいたという。遵法精神は立派だが、人の命を救おうとしてくれた議員のためなら私は命懸けで彼（女）らを守る。市民の命を守れない人でも、バッジをつけていれば「先生」と呼ばれる世の中だ。そしてずっと「地域の活性化」と「弱者に優しい街づくり」を公約に、選挙区の下水の詰まりでも熱心に取り組んでいてほしい。

申し訳ない、ただの破産者の遠吠えである。私はバッジをつけていない。

連帯保証人である私の破産手続きが終結することにより、個人が抱えていた債務は「倒産の経緯や資金の流れに不審な点はなかったか？」「個人の資産をすべて換金し弁済に充てたか？」「その他債権者からの承認が得られたかどうか？」などを精査し、裁判所の判断により「免責」が与えられる。その決定以降は債務が全額免除されるという、債務者にとって誠に都合のいい法律である。法的処分とはいえ、納得のいかない債権者がほとんどだと思う。

この責は死ぬまで背負っていかなければならない。

破産者は、裁判所に対して誰にいくらの債務があるかを示す「債権者名簿」というものを破産処理の段階で提出する。

私は本当に厳しいときに助けてくれた方々の名前を、この名簿に載せていない。これは私の返済義務がまだ消滅していないことを意味し、彼らは私に貸した金を死ぬまで取り立てることができることを意味する。まだ誰からも「金を返せ！」とは言われていないが、おそらくこれからも追い立てられることはないと思う。

しかし、私はどんなことをしてもこのご恩を返さずにはいられなかった。一生身を粉にして働いても返せるかどうかわからないほどの金額だが、これからの人生で償っていくと決めていた。破産したから残りの人生は目立たぬように細々生きていこうなどと言ったら、それこそ応援してくれた皆さんに合わせる顔がない。

静かな債権者集会

話を戻そう。破産開始決定から3カ月後の2018年3月30日、第1回の債権者集会が甲府地方裁判所の一番大きな会場で行われた。

当日は年度末最終日の金曜日、それも午後。おそらく通常ならそんな日時は設定しないと思った。そこに意味があったかどうかは、私にはわからない。

債権者は銀行や取引業者、従業員まで含めて600人以上いて、その債権者集会への参加通知が郵送されていた。何かあってはいけないと裁判所に向かう前に代理人弁護士の事務所に行き、そこから弁護士2名と共に裁判所へ向かった。裁判所には会場誘導の貼り紙と、案内する係員が複数立っていた。

開会5分前、私と代理人弁護士2名は会場に入る。私の席は向かって一番右隅にあった。破産管財人チームの弁護士4名、中心に裁判官がいた。私は緊張しながら深く一礼して着席した。これから始まる当然とも言える吊るし上げを想像して、とにかく謝ろうと覚悟しながら……。


見渡すと、広い会場に参加者はまばらだったことを記憶している。あまり見たことのない人が多かった。金融機関の「こういうとき」の担当者が資料をもらいに来ていた感じだ。

終了後、参加者は40名と知らされた。参加者の中には、債権者ではない一般の高齢者が「社長の顔が見たい」と来場していたと聞いた。名簿に名前がなかったその人も、裁判所は入室を認めた。

冒頭、裁判所の許可をいただいて、債権者に向けて精いっぱいの謝罪の気持ちを述べさせてもらった。債務者は発言も自由にさせてもらえないのだ。

倒産の経緯とこれからの予定が破産管財人から説明された。その後、質疑が始まる。

私は唾を飲み込みながら震えていた……。


誰からも意見が出ない。

「何かご意見はありませんか？」と裁判官が促す。

それならば、という感じでひとりの男性が質問した。

「クリスマスケーキを予約してお金を払ったが、騙すつもりだったのか？」

破産管財人は「ケーキの予約金もほかの債権者と同様に扱いますので、返ってこない可能性が高いと思われます」と答えた。

私は「それだけは優先的に返したい！」と事前に懇願したが、裁判所判断で叶わなかった。「それだけは私個人が返金するつもりでいます」と発言したかったが、この場で発言することは許されなかった。

高齢の女性からは「前のスーパーが閉店した後、やまとさんが出てくれて本当に助かった。いまでも感謝している」との意見をいただいた。そして最後に、債権者の男性から

「やまと小林社長のこれまでの実績を評価する。取引先としても社長の再起を期待する」

とのエールをいただいた。

嬉しかった。

ちょうど30分、今後の破産処理に大きな意味を持つ債権者集会は終了した。

人生で一番長い一日だった。

順調な元従業員の再就職

破産手続きは、裁判所が任命した中立な立場である破産管財人と共に進められる。店舗の鍵は破産管財人に渡し、会社に届く郵便物はすべて破産管財人に転送される。もちろん銀行口座は凍結され、破産以降のお金の出入りは破産管財人の管理となる。

売掛金、これから入る予定のクレジットカードの収入、本来支払わなければならない債務を調べて、個々の債権者との折衝が始まる。破産した会社の社長である私（債務者）は債権者を平等に扱う意味もあり、個別に債権者と会うことは制限される。

ゆえに取り立ての電話や、それに近い行為を受けることはない。破産処理しないでいると、それは一生続く。

私の携帯に電話が入る。

「社長の乗っている車はリース物件です。一日も早く引き上げたい」

これまで長年お付き合いしてきたディーラーからだった。誰でも知っている比較的高級車である。月々のリース料は払っているのだから、すぐに取り上げなくてもいいのに……と悔しかった。

「上からの指示です！」と、いつもの言葉が出た。私には上はいない。

いま私は、妻名義の小さな20万円の中古車に乗っている。それまで乗っていたエコカーではないが、燃費もすこぶるいい。追い越されたり、右折するときに道を譲ってもらえないことを除けば、なんの問題もない。

これまで「たいへんお世話になった」と言ってくれた町にある店舗も、急に水道が止められてしまった。いくら倒産したからって水道止めるのか？　これでは片づけもできないし、トイレも使えない。

「やまとはライフラインだ！」と評価されてきたのに、その町にやまとのそれを止められてしまった（抗議したら若い職員があわてて水道栓を開けに来たが）。

これが現実だと知った。ほかにもいろいろあるがすべては必然、自業自得である。これも債権者に対する謝罪の一部、生かされている身は意思を持てないのだ。

会社の破産処理と並行して、少しでも早く従業員全員（約180名）の再就職先を見つけることが大きな課題となった。行政も追いつかないほど早くやまとの破産処理が進んだこともあり、山梨県やハローワークでは急いで「合同就職説明会」を開いてくれた。県内の企業がやまとの従業員専用で求人を出してくれ、優先的に面接や採用をしてくれた。

その流れはメディアでも「やまと元従業員に熱視線！」と大きく報道された。日に日にその求人数も増え、その数は200社を超えた。

「地域密着経営を共にしたやまと従業員の接客に期待する」とのコメントがあった。おっしゃるとおり！　少し偏屈で不器用な従業員もいるが、やまとの自慢はそれ以外のものはない。人手不足の状況もあり、ほぼ従業員の再就職が決まったことに胸をなでおろした。

敬老の日に高齢者におまんじゅうを配るとき、年寄り扱いされて怒ったおばあちゃんに「おじいちゃんと一緒に召し上がれ！」とおまんじゅうをもう一つ差し出して喜んでもらう。それがマニュアルにはない、やまとの接客である。

これからは新しいボスの下で「やまと魂」を発揮してほしい。

また、日を追うごとに激励のメッセージや手紙が届き始めた。メディアの報道も、やまとの倒産によって生じるであろう高齢者の買物への不安などを社会問題として捉えていた。恐る恐るＳＮＳを見たが、その内容は「困る」「悲しい」「いままでありがとう」といったものばかりだった。

　みんなに生かされた……。涙を流す余裕もなかったが、素直に救われた気がした。と同時に、会社倒産の責任はすべて自分にあることを、あらためて肝に銘じた。

破産申請のために裁判所に出す資料は莫大なものになる。店の後始末も多くの人手がかかる。嫌気が差した従業員が翌日から職探しに出ることは当然の権利である。

　しかし、現実は違った。「しっかり会社をたたもう！」と本部の女性経理スタッフは必要資料の作成を連日深夜まで続けてくれた。

　もともと、やまとの経理担当や総務には男性社員はひとりもいない。取引先でも話題になっていたほどである。ＰＯＰやチラシづくりのパートさんを含め、本部にいる男は私ひとりだった。本当にありがたかった。

　ここ一番で頼りになるのは女性のパワーである。彼女たちはお客さんや取引業者からの電話を取り次ぎながら作業を続けてくれた。日々、彼女たちの身も心も消耗していくのがわかった。それでも「最後はしっかり仕事をやり終えたい」と頑張ってくれた。

　それぞれの店舗にある商品も日々劣化してしまう。スーパーの商品は賞味期限を過ぎてしまえば廃棄するしかない。豆腐や牛乳などすでに期限の切れてしまった商品も、まだ売場に並んでいる。店長たちが声をかけ、時間の許すパートさんに出て来てもらい、店内の商品を片づけた。ここでも女性の力が会社を救ってくれた。

商品を、捨てる物、時期がきたら捨てる物、乾物や酒など捨てなくていい物、冷凍庫に移して保存する物の4種類に分けた。店舗の電気や水道も早晩止められてしまう。その前に片づけや清掃を済ませなければ、店の大家さんにも迷惑がかかる。倒産したのが冬ではなく暑い夏だったら、と考えると気が遠くなる。

在庫商品は業者との取引条件として担保に入れていたので、これを専門業者に売却して債権者に少しでも支払うことになる。たいへんな作業を笑顔でやりきったパートさんたちの協力にも感謝の気持ちでいっぱいだった（最終的にその債権者は担保権を放棄した）。

破産処理の開始が決定すると、裁判所は「破産管財人」と呼ばれる中立な担当者（弁護士）を選任し、すべてはその破産管財人の指示に基づいて進められていく。会社の所有だった土地や建物、備品や商品在庫も一切を破産管財人が管理して処分していくことになる。もはや私は社長ではないし、なんの権限もない。素直に破産管財人に協力して質問に答え、リース物件の返還やさまざまな契約解除に立ち会うのが役目である。そうすることで破産処理がスムーズに進み、一日も早く終結すると信じていた。

ライフライン喪失で湧き起こる悲鳴

やまとが2012年より、韮崎市の協力で走らせていた買物難民向けの移動販売車が、倒産と同時に停止した。

韮崎市ばかりではないが、田舎は中心部から少し離れただけで、買物をする場所がない。コンビニがあればまだいいほうで、買物の足を持たない高齢者にとって、満足とまではいかないものの、やまとの移動販売車は命綱だった。移動販売車が来るようになってから、夫婦揃って運転免許証を返納してしまった高齢者も多いと聞いた。

「このままでは生きていけない……」と言う高齢者の方々。

移動販売車をあてに生活していた高齢者たちをメディアが追った。明日は我が身とばかりに、社会問題として連日取り上げられた。そこにも、やまとに対する批判はなかった。

もともと採算の合わない事業だったが、地域に支えられて100年以上も商売をさせてもらった恩返しの意味もあり、6年前から始めたことだ。スクールバス規模の移動販売車内には、必要十分な商品が並べられていたし、山梨県内ではこの規模で移動販売しているのはこの一台だけだった。

批判は行政に向けられた。

「早く移動販売を再開させろ！」

「なぜやまとを助けなかったんだ！」

お門違いのクレームに市の職員も戸惑ったことだろう。一番悪いのは、この社会的責任を負った事業を継続できなかった私である。市の職員がニュースでお詫びをしている映像を見るたび、申し訳ない気持ちでいっぱいだった。

それ以降も「たいへんな中、これまで移動販売車を走らせてくれてありがとう」といった手紙や電話が相次いだ。地元紙には「命を繋ぐ」というタイトルで、やまとの移動販売車を利用していたおばあちゃんの投書が掲載された。嬉しかった。

やまとの倒産を機に、メディアはここぞとばかりに大企業の地方進出による地域経済の凋落ぶりや、買物手段を持たない高齢者の生活や行政の対応の甘さを問題提起した。まさに年の瀬の格好のネタだったのかもしれない。

しかし、そんな話題も、いままでそうであったように時間と共に忘れ去られ、他人事として過去の話題と消えることを知っていた。

ただ、それでも価値はゼロではなかったと自分を慰めた。

やまとは、山梨県の北西部にある県内で一番面積の広い北杜《ほくと》市に4店舗を構えていた。自然に恵まれ移住者も多いこの地域だが、いわゆる山間地域の〝ど田舎〟である。大手企業も出店せず、スーパーと呼べるものは全部で7店しかなかった。

そのうちの4店舗がやまとだった。ピーク時にはその地域の食料品支出額の40％以上を賄っていた規模である。都会なら独占禁止法に触れるレベルだろうか。

その地域から一夜にして買物をする場所がなくなってしまった。理由は後ほど述べるが、やまとは居抜き出店の店舗が多かった。大手との競争に敗れて閉店してしまった店を、そのまま継続させたものだ。

従業員を継続雇用し、設備も古かったがそのまま使用した。同業他社からは「乗っ取り屋」と揶揄されたが、「潰したのはあんただろ！」と闘志を燃やした。

近隣の消費者はやまとしか買うところがなかった。それなのに、そのライフラインが途切れてしまったのだ。

このこともメディアはこぞって取り上げた。

「なぜやまとを支援してやらなかったんだ！」と、地域の消費者も不満をぶつけた。

地域の首長は「やまとのこれまでの尽力に感謝する」と職員を前に言ったそうだが、しょせんは民間企業の破綻である。首長もとんだとばっちりを受けたものだ。

しかし、この首長、女性だけにことの重大さは感じたに違いない。一度も会うことはなかった。すべては後の祭りだったのだ。

ほかの地域の店舗でも同様の現象が起きた。ある地域ではすぐさま住民アンケートを実施した。やまとがなくなって買物に不便を感じている住民がなんと8割もいるという。

それはそうだ。その町にもスーパーはやまとしかなかったのだから。

すぐさま地元有志が、閉店したやまとの駐車場で複数の販売業者を募って朝市を始めた。水を得た魚のようにごった返すお客さんが買物をする嬉しそうな顔を、ニュースのカメラは捉えていた。

少しだけホッとしたような、それでいて堪えきれない悔しさが込み上げてきた。

いままで自分がやってきたことだが、それがもうできないことへの感情だ。そこへ行って店内の在庫だけでも格安で販売してあげたかったが、なけなしの資金で仕入れたその在庫もいまは自由にはならない。私は会社と一緒に破産した身である。

やまとが消えたそれぞれの町で、同じ状況が繰り広げられていた。

救世主か？　乗っ取り屋か？

儲からない町で商売する経営者は単なるバカである。

普通なら商圏調査をして、競合状況や消費者の動向を見ながら出店を決める。設備投資は最小限にして、家賃もぎりぎりまで低く抑えるように専門職が交渉する。「ブラック企業」と言われる寸前まで人件費を絞り、広告費を削り、メーカーから協賛金やリベートを取って利益を稼いでいくのである。競合店があれば価格を徹底的に安くして潰しにかかり、潰れた暁には価格を元に戻す。そして、「地域密着」という安っぽいキャッチフレーズを掲げて、競合店のいなくなった市場を独占していくのである。

ところが、やまとはどうだ？

個人のスーパーが大手にやられたと聞けば、自分がそこに飛び込み、「一緒に仇を討ちましょう！」と社長に直談判。従業員も設備もそのままで、閉店後の空白期間を置かずに営業再開する。そうすれば地域のお客さんも困らないからだ。

やまとの店舗はピーク時には16店舗あったが、実にそのうち10店舗がそういった「居抜き店舗」だった。

よく考えれば、競合店が皮肉まじりに名付けた「乗っ取り屋」の称号もまんざら間違いではない。イニシャルコストをかけずに、従業員を手当てする必要もなく、手っ取り早く営業できるのだから。

しかし、これだけは言いたい。大手がその商店を潰さなかったら、やまとはけっしてそこには行かなかった。生かさず殺さず、その商店を継続していけるようにしてやれば、やまとがそこに出店することはなかった。息の根を止めたからこそ、自分が乗り込んだのだ。

それまで地域を支えた商店が、大手の出店によってその歴史に幕を閉じる。そして、社長は夜逃げか自殺……。

そんな理不尽な話があってたまるか！　それじゃ商人は浮かばれない。

そして、これも言わせてほしい。

「成り立たなくなったスーパーを、自分がやったって成り立つわけがない！」

では、なぜそんな生き方をする？　不思議でしかないと感じるはずである。

第2章
三代目の若造社長、復活をかけ改革断行

創業100周年にお客様からいただいた大漁旗

県外大手スーパー進出に激震走る

もう戻ることのない、私の商人としての人生を振り返ってみたい。

やまとは大正元年（1912年）、山梨県韮崎市で鮮魚店「小林商店」として産声をあげた。海のない山梨県の魚屋である。きっとあの手この手で、当時は鮮度のあまり良くない魚を売りさばいていたことだろう。自分はいまでも「魚屋のせがれ」と自己紹介しているし、経営者ではなく「商人」を自負していた。

当時は競合店もなく、大手の出店もなかったので、相当儲かったと創業者である祖父から聞かされていた。県内のスーパーもうまく棲み分けていて、他社の縄張りに店を出すことなどご法度だったという。スーパーに限らずすべての業種がそんな状況で、商店街もにぎわっていた時代である。

そんな静かな町が変わり始めたのは、私が大学に入学した頃、1980年代初頭のことだった。韮崎駅前にイトーヨーカドーの出店計画が持ち上がったのだ。

こんな田舎町に、天下のイトーヨーカドーを核としたショッピングセンターができるとあって、地元の消費者は大喜びだった。テレビでしか見たことのない日本一の会社がもたらしてくれる都会のような文化的生活……。甘美な響きだったに違いない。

一方、やまとを筆頭にした商店街は「黒船襲来」にざわめき立った。商店主たちは出店を阻止しようと組織をつくって反対署名を集め、力もない政治家たちへの陳情を開始した。

もっとも、この計画は地元の商店主有志が韮崎駅前にビルを所有し、イトーヨーカドーをテナントとして誘致したものだ。逆恨みされるイトーヨーカドーには同情したが、開発計画は粛々と進められていった。

「反対しても無駄だ……」

諦めた商店主たちは、今度はそのショッピングセンターに自分が入店しようと動き始めた。ときすでに、反対派はやまととその納入業者くらいに減っていた。

そこに当のイトーヨーカドーから連絡が飛び込んだ。

「やまとさん、一緒に出店しませんか？　やまとさんの実力はイトーヨーカドーも認めています。ただし、既存の店を閉めていただくことが条件です」

私の先代に当たる叔父は、迷うことなくこう答えたという。

「他人の軒先で商売できるかっ！　断る！」

40年前、イトーヨーカドーの申し出を素直に受け入れていたなら、私の人生も変わっていただろうか?

1984年、イトーヨーカドーを核テナントとするショッピングセンターが開業すると、連日活況を呈した。入店した地元商店は「自分たちが一流で、それ以外は二流だ」と言っていた。叔父は「あんたらは二流で、俺たちは三流だ」と言い返していたが……。まだ学生だった私が偵察に行くと、いつもやまとで買物をしていたお客さんの顔ばかりだった。

「久ちゃんもせっかくいい大学に入ったのに、卒業できなくてかわいそうにねぇ」

大きなお世話だ。慰めにもならない言葉に傷ついた。

「やまとは潰れる……」と、私はそのとき初めて思い、不安な毎日が続いた。

しかし、やまとは潰れなかった。

潰れたのは韮崎にあったほかのスーパーのほうだった。もちろんやまともイトーヨーカドーに対抗すべく、価格を安くしたり、接客をより一層強化したり、自慢の鮮魚売場を広げたりとさまざまな努力をした。私も店頭に立って声を振り絞った。

韮崎の魚屋を古くから愛してくれたお客さんたちは、やまとを見捨てなかった。「判官贔屓」というのだろうか、日本人、特に高齢者は巨大な強い者に立ち向かう弱い者の味方をする。潰れたほかのスーパーはその中間に位置する規模だった。

そのときにできたやまとのロゴには、イトーヨーカドーの鳩のマークに対抗するため、やまとの「Y」の字に雀がデザインされている。それもくちばしの尖った雀である。

それから15年後、息を吹き返したやまとは、その近隣に開発された別のショッピングモールに地元の核テナントとして出店した。大学を卒業した後、ほかのスーパーで1年間修業して家業を継いだ私は、その店舗の責任者として陣頭指揮を取った。

国道沿いで立地もよく、やまととして当時最大の売場面積であったこともあり、とても繁盛した。その結果、それがやまとの多店舗展開のきっかけとなっていく。

「やられたらやり返す！」と、そのときの私は少し天狗にもなっていた。その逆もあることを、若かった私は気づかなかった。無理もないことだが……。

契約の切れた20年後、イトーヨーカドーは韮崎駅前から撤退していった。

長い戦いが終わった。いまでは町のコミュニティセンターとして、その墓標は生まれ変わった。

県内大手スーパーからの買収話

ある日、県内のある大手スーパーから、叔父である先代社長と当時専務だった私に「折り入ってお会いしたい」という連絡があった。

数日後、指定された場所に叔父と私は向かった。その機会を取り持ったお茶問屋の社長に案内された料亭の一室には、大手スーパーの会長と部長が座っていた。

社長はいないのか？　私は意外に冷静だった。

同業者である双方が通り一遍の会話を済ませた後、先方の会長はこう切り出した。

「どうだいやまとさん、一緒にならんかい？　やまとが近くにあるうちの店はみんな儲からん。一緒になれば山梨を制覇できる。やまとの名前を残してやってもいい」

買収の誘いである。業界の重鎮でもある会長から、弱小やまとを「欲しい」と請われたわけだ。

同席した叔父である社長は、あまり考えることなく私に向かってこう言った。

「ありがたい話じゃないか。これからはそういう考え方もあるぞ」

イトーヨーカドーとの戦いを乗り越えてきた先代にしてみれば、私に同じ苦労をさせたくない気持ちがあったことはよくわかる。しかし、血気盛んな私は聞く耳など持たず、その重鎮に即座に言い返した。

「ありがたい話でありますが、お断りします。私も同じように山梨を制覇したいと思っています。そのときはそちらを買収に行きますので、もう少し時間をくれませんか？」

世間知らずの小僧に言い返された重鎮は、「元気があっていいな！　小林さん、いい跡取りに恵まれたな！」と微笑み返した。

一緒にいた部長の胸ポケットには、当時はまだ珍しかったＩＣレコーダーが忍ばせてあった。会った瞬間それに気づいた私は、言葉遣いに気をつけた。なぜなら私のポケットにも、それより性能の良いレコーダーが入っていたからだ。

仲立ちをしてくれたお茶問屋の社長の顔を潰してしまい申しわけなかったが、まだ自分が社長になってもいないうちに会社が人手に渡ることなど到底納得できなかった。やるべきことをやって、それでも駄目なら、そのときはこちらからお願いに行こうと思った。

その後、その大手スーパーはやまとの近隣エリアを中心に出店を続けていくことになる。小さいものがいきがっても、やられたらやり返されるのだ。大人は怖い……。

競争激化で経営状況は暗転

時代が変わり、法律も変わり、全国規模の大手チェーンの出店も規制緩和の流れでやりやすくなった。山梨県の中心である甲府市や人口の多い周辺地域には、多くのショッピングセンターが乱立していった。やまとの本拠地だった韮崎市も例外ではなかった。県内スーパーも負けまいと、安売り合戦や空白地域への出店攻勢をかける。キャッチフレーズはいずれも「地域密着」だ。

おかしな話じゃないか? 自社がやばいから、その地域で頑張ってきた店を潰してでも、別の場所で稼ぎたいんだろ?

やまとも近隣への競合店出店の影響で、経営状況が一気に悪化する。

もともと資産もなく、ノウハウもない、負けん気の強さだけで生き延びてきた店である。大きな社会の流れなど他人事で生きてきたし、なんとかなると信じて今日までやってきた。

先代の社長は良い意味で積極的、悪く言えばどんぶり勘定で店を経営してきた。

仕入先とは親分子分の関係を築き、従業員も採用試験なし、就業規則や退職金規定もなかったし、残業手当など知らなかったと思う。

経営の数字も勘頼みで、まったく把握していなかった。よほど儲かっていたに違いない。たまに税務署が来ると機嫌が悪かったことだけはよく覚えている。

それでもやっていけた時代である。商工会や商店街では慰安旅行の積み立てをせっせとやっていた時代である。

しかし、右肩上がりの時代は経営者を錆びつかせる。

「社長、１億５０００万円の赤字ですよ！」と、顧問税理士が飛んできた。

「先生、大丈夫！　すぐに元に戻るから」と先代。

まるで他人事の社長である。全然大丈夫じゃないのである。

競合店との戦いで安売りに走り、原価割れしてでも広告に入れる。その広告だって、どう考えてもお客さんが来ない地域にも撒く。売上は上がっても、それ以上に支払いが次々と迫ってくる。行け行けドンドンの数字に弱い社長は、こんなとき致命的に弱い。

ある日、銀行がやって来た。

その当時、やまとのメインバンクだった地方銀行の支店長だった。

「社長じゃ話にならないから専務のあなたに言うが、このまま赤字なら、貸している金の利息を引き上げるか担保を追加してもらわなきゃならない」

いままで店先に立ってお客さんと接していた「なんにも専務」だった私は、金融機関と話をしたことはないし、融資の知識も持ち合わせていなかった。金は自然に回るものだと思っていたからだ。

社長はとにかく売上さえ増やせばなんとかなると信じ、それまでにも増して激安のチラシを入れて、さらに会社の首を絞めていった。

「このままじゃ店が潰れてしまう……」

生まれて初めて自分の未来が真っ暗に見えた。

すぐさま『漫画・簿記入門』を読み、決算書の読み方をゼロから勉強して、どこから手をつけたらよいのかを考えた。銀行との交渉で相手になめられないように、友人の銀行員から教えを受けた。自分の会社の実情を把握しないと行動できないと思った私は、支払い日に資金がショートしないかと心配しながら苦しい日々を過ごしていた。

無駄な経費の削減・利益率のアップ！　見せかけの売上はいらない！

改革のテーマは決まった。しかし、具体的なアイデアは見つからない。そう簡単に結果が出るはずもなく、赤字の垂れ流しは続き、資金はいつも逼迫していた。

初めて銀行に支店長を訪ね、「月末の支払いに不足する資金を貸してほしい」とお願いした。

「ほ〜ら、言わんこっちゃない」という支店長のどや顔はいまも忘れない。

「この状態の会社に金を貸す銀行はないですよ。自己資金で乗り切ってください！　いまの社長は銀行の言うことを聞かないし、計画性もなく口ばかりで信用できません。でも、もし社長が辞めてあなたが社長になるのなら考えてもいいでしょう」

そうか、私が社長になれば金を貸してくれると言うんだな。早く言えばいいのに、もったいつけやがって……。

そこで私は、いままでやまとを率いてきた叔父である社長を退任させ、自分が社長の座についた。この一件だけでも本が一冊書けそうなくらい、いろいろなことがあった。私は、当時まだ60歳だった先代社長に代わり、39歳の若さでスーパーやまとの社長になった。

これまでは専務だったので相手方の社長に会わせてもらえなかったが、いまはいくら若くても社長である。どんどん約束を取り付け、取引業者の社長にコストダウンや仕入れの見直しをお願いするため直談判に出向いた。

先の銀行の支店長にもお願いに行った。

「支店長がおっしゃるとおり、私が社長になりました。約束どおりお金を貸してくださ い」

「ハハハ、確かにそう言いましたが、少し様子を見てからにしましょう」

なにぃ？　そりゃないだろ！「梯子を外す」とはまさにこのことである。

いまに見てろよ……と、負けず嫌いの血が騒いだ。必ず落とし前をつけてやるからな！

その日から手帳につけることになった「ぶっ殺すリスト」の筆頭に支店長の名を刻んだ。

赤字脱却を目指して改革断行

会社の赤字を止めるため、若造社長の私はさまざまな改革に着手した。まずは無駄な経費の削減である。

チラシ広告の新聞折込範囲を極端に狭くした。

しょせんは小さな食品スーパーであるやまとへは、近所の消費者が日々の食材を買い求めに必要な商品だけを買いに来る。そんなに遠方から家族でやって来ることはない。メニュー提案も派手なイベントもできる知恵もない。そしてチラシの寿命だっていいところ2日間くらいだろう。

それまで丸投げしていた広告会社との付き合いをやめ、自社でチラシ制作を始めた。赤一色で商品名と価格が書いてあるだけのシンプルなものにした。どうせお客さんは、新聞に折り込まれたたくさんのチラシを隅から隅まで見るほど時間の余裕はない。特売日であることをお知らせすればいいのである。

折り込む日も不定期でなく、曜日を決めて恒例化した。チラシの紙も一番安いペラペラのものを使ったので、光をあてると裏面が透けて見える。インクも薄くした。

チラシ掲載商品もかつての「玉子１パック10円」などというバカげたものはやめ、競合店の価格を少し下回る価格に変えた。以前からのお客さんの中には「最近やまとは高くなった」とクレームをつけて離れて行った人もいるが、そんなお客さんばかりで売上を稼いでいたら、これまでの赤字からは脱却できない。心を鬼にして実行した。

すると、売上は見る見る減った。そして、利益が増えていった。

見栄を張って売上がどうだとか、何店舗持っているとか、そんなつまらないことよりも、経営の中身のほうが大切なことを思い知った。当時、チラシの印刷費と新聞折込料含めて年間２０００万円が削減でき、利益も３０００万円回復した。

「前の社長のほうが良かった！」

そんなお客さんや取引業者からの声は、自分にも届いていた。前社長も取り巻きに持ち上げられて、すぐに復帰する気でいたようだ。

社長就任1年目はまだ1億円の赤字だった。もう後がない……。「あと1億円！ それで元に戻る」と、鼓舞するように自らに言い聞かせた。

決算書を見た金融機関は頻繁に会社を訪れ、さまざまなプレッシャーをかけてくる。「資金を引き上げる」「利息を上げる」「担当者を替える」と、私が若いと思って言葉遣いもきつかった。まだコンプライアンスなどという言葉もなかった時代のことである。

坊っちゃん育ちで、人から怒られたことなどなかった自分にはつらい毎日が続いた。

社長就任2年目、次は仕入原価の見直しに手をつける。

やまとの規模は大きくない。当時はまだ5店舗程度の田舎のスーパーだ。大量に仕入れるスーパーほどには、商品の仕入価格も安くはならない。

当時入手した同じ商品の某大手スーパーの仕入価格表を見て、「こんなに違うのか？ それでいてこんなに高く売っているのか！」と愕然としたことを覚えている。

そんな中での仕入価格を下げてもらう交渉である。「利は元にあり！」だから譲れない。

世の中にはさまざまな食品メーカーがあるが、その商品が直接スーパーに入ってくるわけではない。全国にある大小の卸問屋がいったんメーカーから商品を集め、それぞれのスーパーから入った注文に従って商品を店舗に配送するという仕組みだ。

私は、やまとの主力取引先であり親子三代にわたる付き合いで、おまけに仲人をお願いした地方問屋を訪ね、「赤字をなんとかしないと会社が潰れてしまう。仕入価格を少しでもいいから安くしてほしい」と懇願した。恥ずかしくもあり、断腸の思いでもある。

もしゼロ回答だったら問屋を替えよう……。取引銀行を替えるのと同じくらい信用不安のネタになる代案を胸に、駄目もとでお願いに行った。

「それはできないよ。うちだってぎりぎりで経営しているんだから、これ以上安く売ったら死活問題だ」

想像していたとおりの回答だった。

「それなら取引業者を替えます！」と言うと、相手側の社長の目が鋭く光った。

「いくらもらったんだ？」

その瞬間、決心した。当時年間10億円を超えていたその問屋との取引は3カ月後にすべて終了し、新たな業者との取引が始まることになる。

そうか、問屋を替えるときにはお金が動くものなのか。少しはもらっておけばよかったのかも……。後の祭りである。

新規に取引を始めた問屋は規模も大きく、商品の仕入価格も以前と比べて安くなった。

季節ごとの売場の提案や、ほかのスーパーで売れている商品の紹介も頻繁にしてくれた。

発注した商品の欠品もほとんどなく、お客さんに迷惑をかけることも減った。

「これが普通だよな」と私。会社の利益はますます改善していった。

「月夜の晩ばかりではないぞ……」

ほかの取引先についても、先代からのしがらみをまったく気にせず、バッサバッサと切り込んだ。一つの商品を仕入れる際には必ず複数の問屋に掛け合い、価格を競争させた。先代は親分肌ゆえにほとんどが単独取引、いわゆる随意契約状態だったからだ。

そうなると、おもしろくない業者が出てくる。先代社長復帰の動きは力を増していた。

「月夜の晩ばかりではないぞ……」

そんな電話がかかってくるほどだった。


こうして、すべての仕入れが複数社となり、仕入原価は下がった。先代がらみの業者や従業員には、自分から去っていった者も多い。

先代社長には平の会長職についてもらっていたが、なけなしの蓄えから退職金を渡し、株を買い取り（赤字会社の株は安い）、会社の借金の連帯保証人を私にすげ替え、今後の生活の不安を取り除いて完全退任してもらった。

これで名実共に私が経営者になり、世間からも認知されていくこととなる。社長になって2年、もう従業員も私のことを間違えて「専務」と呼ぶこともなくなった。

いまではポスティング会社も見かけるようになったが、当時はチラシの新聞折込業者は新聞社とつながる独占企業だった。私はチラシの印刷費より高い新聞折込料を安くしてもらおうと、その会社にも飛び込んだ。

重厚な応接室で若造の私に向かい、そこの重役は言った。

「本気で言ってるのか?」

もちろん本気である。たくさんのチラシを入れているのに、ほかと同じ金額というのはおかしい。キャベツだってたくさん仕入れたら安くなるのが道理だ。

あんまりのことを言うと、チラシを新聞に入れてやらないぞ……。

重役の険しい顔つきにも、もはやひるむような私ではなかった。「1週間待て」と言われて、その日は帰った。

すると後日、いい知らせがきた。

「代金を前払いできるか? そうすれば２%値引きしてやる。ただし、ほかには言うな!」

これで年間100万円くらいの削減になる。話はしてみるものである。

約束どおり他社には話さなかったが、スーパーを問わず他社でも同様の値引きが広がったらしい。人の口に戸は立てられない。

公正で公平な職場環境を整備

スーパーの経費で大きなものといえば、人件費、家賃、水道光熱費の3つである。分母の大きいものの削減は、たいへんな労力が必要となる。

就業規則も給与規定もなかった会社にきちんとしたルールをつくって、有給休暇も取れるようにした。先代から付き合いがあった顧問税理士を替え、社会保険労務士も喧嘩しながら若手に替えた。

ほかのスーパーがサービス残業などで億単位の支払い命令を受けたと聞いたので、自分がビクビクすることなく経営できるように社外スタッフを揃えていった。後に私の死に水を取ることとなる顧問弁護士と契約したのもこの頃だった。

従業員の中には親族が多く、各店舗で幅を利かせていた。ほかの従業員はそれに対して口を閉ざしている。

良かれと思っても、進言できないのである。先代の身内に盾をつこうものなら、自分の職さえ危うくなってしまう同族会社にはありがちな光景だ。

社長が変わったことを良い機会に、私は働きの悪い（私の言うことを聞かない）親族を次々に辞めさせていった。その中には自動販売機から現金を抜くなど多額の不正を働いていた者や、業者から個人的にリベートをせしめていた輩もいた。

収入に見合わないゴルフバッグを持っているのを見たことをきっかけに、ビール券やお米券を私的に換金していた幹部もクビにした。店の商品を持ち出す従業員もいた。

私が社長になることを嫌がるわけだ。みんなばれてしまうのだから。自分にいちゃもんをつけてくる従業員や取引業者を切ればいい。単純なことだった。

このように、社長自ら自分の仲人をしてくれたメイン問屋を替え、従業員のやる気にふたをしていた親族を辞めさせ、給与もわかりやすく公平な評価をしていった。

その結果、いままで目立たなかった従業員がみるみる頭角を現してきた。人員を補充しなくても前より作業効率が上がり、ひとり当たりの給与は増えたものの総人件費は格段に減ったのだ。

こうも違うのか……。

会社の雰囲気はどんどん良くなり、高校生の新卒採用もできるまでになった。これまでは新入社員の募集要項さえ書けなかった会社なのにである。

家賃の減額交渉はひと苦労である。地主さんにもそれぞれ事情があり、家賃を生活の糧としている高齢者も多いからだ。

私はそういう店舗は後回しにして、家賃の減額交渉に飛び回った。先代社長が勢いで決めた高額な家賃の店舗が多かったので、家賃が下がればその分まるまる赤字が減る勘定となる。

おおむね地主さんは了承してくれた。やまとが潰れてしまっては家賃収入がなくなるのだから、少し値下げする程度で済むならやむを得ないと考えてくれたようだ。「今年限り」「経営が回復するまで」「少額だけ」といろいろな条件をつけられたが、すべての店舗で家賃を下げることに成功した。

これで年間家賃1000万円の削減だ。社長の自分がやりたくない仕事ほど、会社に対する利益貢献は大きい。社長とはそういうものなのだ。その積み重ねこそ社長の仕事だ。

これまでやまとはやるべきことを避けて、時代の流れにおんぶしてきただけの会社だった。やまとの名に恥じないようにしっかりした船にしなければ、またすぐに沈んでしまう。

自分はその船長としての自覚を持った。

継承2期目で実現した黒字転換

スーパーという商売では、店舗の電灯だけでなく、売場の冷蔵ケースやバックヤードにある冷凍庫を24時間動かさなければならない。夏は冷房、冬は暖房もつける。商品を冷やしつつ、売場の通路だけ温めることの不経済さを理解してほしい。そのため電気代は、おそらく一般の想像をはるかに超えるだろう。

やまとでは年間で最大２億円の電気代を払っていた。この経費を削るのは至難の業だ。そこで全店に、デマンドコントローラーと呼ばれる節電器を設置した。一定の電気使用量に達すると、それ以上は電気を流さないシステムである。これにより、電気代の算定基準であるピーク電力を抑えることができる。投資額もけっこうかかったが、それを差し引いてもコストダウンが可能になった。

売場の冷蔵・冷凍ケースは鮮度管理のため一切手を付けなかったが、社長室や会議室、事務室の冷暖房は真っ先に効かなくなる。盆地の山梨の夏はとても暑い。おかげでみんな事務所に長く居座ることなく、涼しい売場に直行することになる。一石二鳥だった。

しばらくしてから天井の蛍光灯もＬＥＤ電球に換えた。この結果、電気代はみるみる減っていった。年間2億円の電気代を15%削減、3000万円の赤字が減った。

最後に、先代には絶対できなかったであろう、やまと発祥の地、韮崎本店を閉店した。大正元年の創業以来、地域に愛された店は駐車場もないシャッター通りにあったため、赤字が大きいというだけの理由で三代目の若社長に閉鎖された。

「赤字の店は閉めろ」というのが金融機関からの命令だった。

私は生まれ育った店を閉めたくなかったが、心を鬼にしてシャッターを下ろした。地域からはクレームが相次いだ。加えて「やまとはそろそろ潰れるんじゃないか？　あの冷たい若社長だもの！」というお褒めの声もいただいた。

後には引けない。生き残るための痛みだ。結果がすべて……。

社長就任2年目の決算期、先代から引き継いだ1億5000万円の赤字はついに黒字に転換した。流した血は大量で傷もまだ癒えていないが、それでもやり切った。嬉しかった。

商売は売上から仕入原価を引き、その差額である利益額の中から給料や家賃・水道光熱費そのほかの経費を払い、借金や税金を払い、残ったお金を会社に貯めていく。

経営とは、この単純ではあるが壮絶な作業の繰り返しであることを痛感した。

「やまとの若社長、なかなかやるらしい……」

いままでの悪評から、一気に評判は良くなっていった。

資金繰りはまだ苦しかったが、いっときの眠れぬ夜はなくなった。取引のなかった銀行から、信用の高い会社のみが許される「社債発行」の提案を受け、こちらからお願いしなくても資金が集まるようになってきた。

そして、その中の都市銀行（倒産時のメインバンクになるのだが）が「既存の借金をすべて当行で出しますから借り換えてください。運転資金も出しますす」と提案してきた。

「メインバンクを替えると、よほど気をつけないと足元をすくわれるぞ」と、先輩経営者たちは反対した。「都市銀行はすぐに手のひらを返すからな！」と言う人もいた。

しかし、私の腹は決まっていた。

郵便局でも信用組合でも、いざとなれば手のひらなどたやすく返すはずだ。梯子を外してくれた当時のメインバンクに「恩返し」するときがきた。

それまでメインバンクだった地方銀行の支店長が私の元に飛んで来た。

「メインバンクを替えるなんて、いままで面倒見てきたうちの立場はどうなるんだ！　それに担保の土地や建物・定期預金も全部次の銀行に譲渡するなんて、銀行マンとしてこれほどの屈辱はない！」

その目は鋭く私を睨んでいた。

「社長を替えれば金を貸してやると言われたから、そのとおりにしたら、もう少し様子を見てからと貸してもらえなかった。魚屋としてこれほどの屈辱はありませんでした！」

やられたらやり返す……。振り子を返してやった。

聞く耳を持たない私に愛想を尽かし、支店長は憮然とした表情で社長室を後にした。しばらくしてその支店長は系列のリース会社へ異動になった。

その後、かつてのメインバンクから毎日無料で来ていた集金業務は廃止となり、振込手数料や両替手数料も値段を上げられた。店先にＡＴＭ設置を頼んだが、話も聞いてもらえなかった。これも致し方ない。やったらやり返されるのだ。

方向を決めた個人スーパー倒産の記事

社長就任3年目、商売の収支はトントンになった。これからどうやって会社を維持していけばいいのだろう、と考えた。

借金は増やしたくないから、新店舗をつくる余裕などない。大手の攻勢に遭い、瀕死の重傷を負って生き返ったやまとだから、同じことをしてほかの個人商店を苦しめることはしたくない。「勝ったほうが強い」などという理屈を商人は持ち合わせていない。

そんな折、個人スーパー倒産の記事に新聞で出会った。半世紀以上にわたって地域の食生活を支えてきた店だった。やまとと同じように大型スーパーの進出により売上が減少し、経営破綻に追い込まれた。やまとも同じ運命をたどっていたかもしれない……。

そうだ、この店を自分がやろう！

利益は望めないが、維持する程度ならできるかもしれない。高齢者の多い田舎町の店だが、設備もあるし、従業員にもそのまま働いてもらえばいい。

競売に出たその店を、やまと以外に入札する者はいなかった。

前経営者を訪ね、店内にあった冷蔵庫やレジなどの動産を譲ってもらい営業を再開。その親族も新たに雇用した。

やまととして生まれ変わったその店へは、買物に不自由していた高齢者を中心に、それまでにも増してお客さんが訪れるようになった。

「せっかく潰したのに余計なことしやがって」

競合する大手スーパーは唾を吐くように言ったという。そういう意味では、私は余計なことをするのが大好きだった。

競合店以外、すべての人が喜んでくれた。
これでいこう！　これからのやまとの経営方針が決まった。

その後も個人商店の破綻は続いた。すべて自分が出向き、経営者と直接話をして地域になくてはならないと判断した店のみを引き継いでいった。不動産屋や地主から持ち込まれる案件も多かったが、少しでも相手の欲が垣間見えたときは即座にお断りした。

中には、大手スーパーが近隣にショッピンクセンターを建設するために撤退した店舗に出店したケースもある。出て行かれてしまった地主さんとその周辺住民は、「やまとに出て行かれたら買物ができなくなる」と地域の買物をやまとに集中してくれた。

利益は出なかったが、維持するには十分な売上だった。店とお客さんが一緒に生きているのが嬉しかった。これが本当の商売の姿である。

一方、その売上を当てにしていた大手スーパーは誤算だったろう。以後、山梨県ではスーパーが撤退するときは建物まで壊して出ていくことが多くなった。理由はおわかりになると思う。

こうして、やまとは破綻スーパー再生を軸に、２０１２年に16店まで店舗数を増やした。売上高は最盛期の２００８年6月期に64億円まで成長することとなる。

第3章 誰かが喜ぶなら、迷わず即断即行

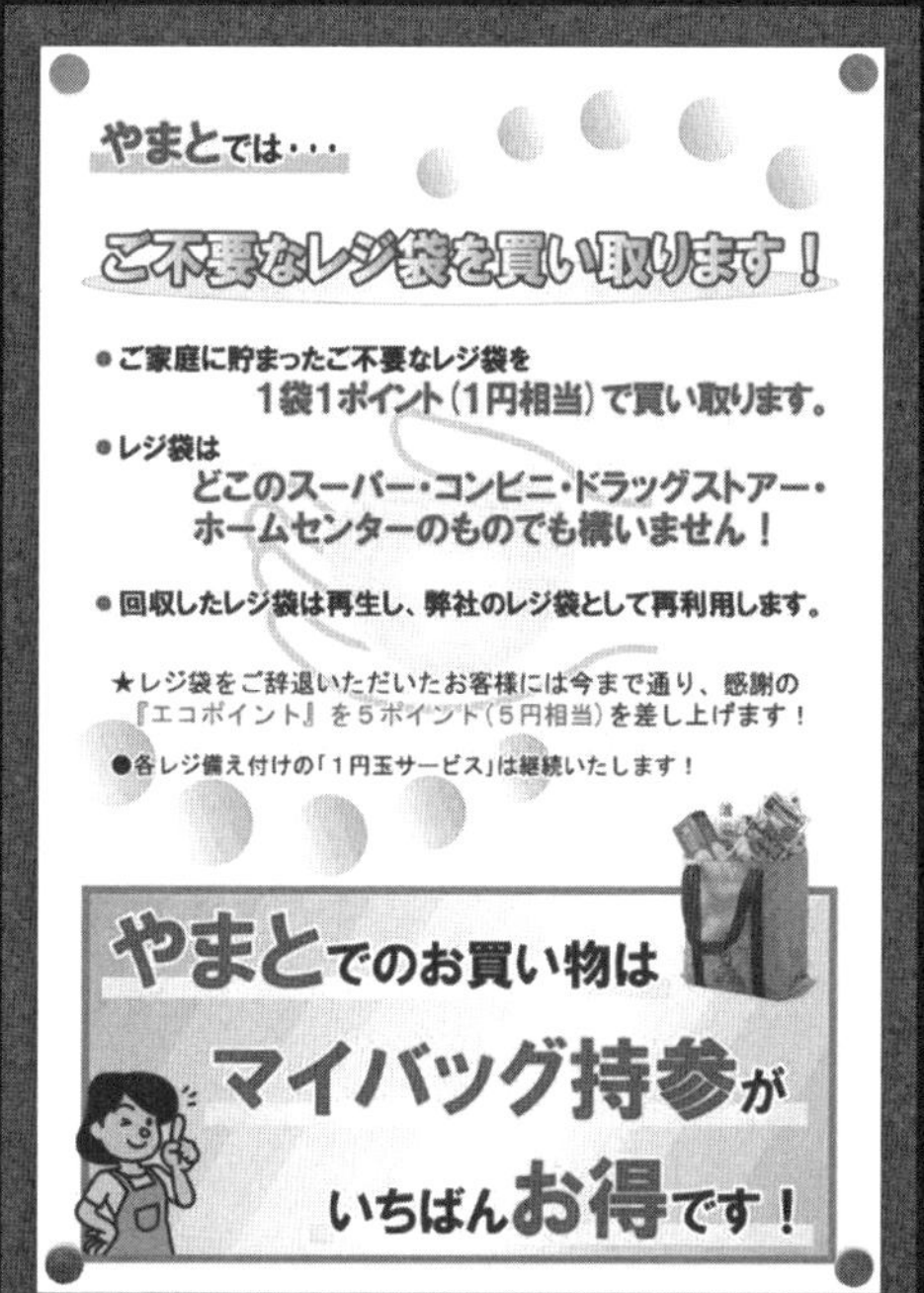
やまとでは・・・
ご不要なレジ袋を買い取ります！
●ご家庭に貯まったご不要なレジ袋を
1袋1ポイント（1円相当）で買い取ります。
●レジ袋は
どこのスーパー・コンビニ・ドラッグストアー・
ホームセンターのものでも構いません！
●回収したレジ袋は再生し、弊社のレジ袋として再利用します。
★レジ袋をご辞退いただいたお客様には今まで通り、感謝の
『エコポイント』を5ポイント（5円相当）を差し上げます！
●各レジ備え付けの「1円玉サービス」は継続いたします！
やまとでのお買い物は
マイバッグ持参が
いちばんお得です！

2008年、レジ袋有料化に際してやまと店内に貼ったPOP

「家庭の生ゴミ仕入れます！」

「やまとに頼めばなんとかしてくれる」

経営にも多少余裕が出てきた頃、そんなイメージができ上がってきたのか、出店依頼のほかにもさまざまな依頼が舞い込んでくるようになった。

ある日、2人の若者が私を訪ねて来てこう言った。

「社長さん、家庭から出る生ゴミを堆肥にして野菜をつくりませんか？」

若いのに立派な考え方である。「いい話じゃないか！　どうやってやるんだい？」と私。

「はい、スーパーの店先に生ゴミ処理機を設置して、お客さんに入れてもらいます。その機械で堆肥をつくって、農家で野菜をつくってもらいます。それをやまとで仕入れて、店で売れば利益も出ます」

いわゆる循環型社会のモデルケースである。

苦しいときもやまとを見捨てなかった取引業者や従業員、何より地域のお客さんのために、これからは恩返しの気持ちで生きていこう、できることはなんでもしようと私は考えていた。「頼まれたら、選挙以外は断らない」というが私のモットーになっていた。

そんな矢先の若者からの依頼だった。

「それでその機械、いくらするの？」

「700万円です！　それを出してもらえませんか」と言い、若者は無邪気に笑っていた。

「気持ちはわかるけど、700万円は大金だよ。協力したいのは山々だけど、ほかのスーパーにもいちおう聞いてみてから、また来てくれる？」

そう言って帰ってもらうのが精いっぱいだった。


しばらくして、またあの若者たちがやって来た。

「いろんなスーパーを回りましたが、みんな駄目でした。社長、お願いします！」

もう断れない……。仕方なくその企画に乗ることにした。

補助金が出るとわかっていたが、人の世話になるのも嫌だったので、やっと再開できるようになったリース契約で資金を調達し、生ゴミ処理機を韮崎のショッピングセンター内にあるやまとの店頭に設置した。

食べものを扱うスーパーの店先に生ゴミを捨てる場所があるなんて言語道断だが、人の逆を行くあまのじゃくの私は、あえて目立つ場所に機械を設置した。意外に大きなものだ。

やらなくてもいいことをするのだから、楽しくなければ続かない。提案してくれた若者は金儲けのことなど考えていないし、少しでも世の中を良くしたいという純粋な考えで行動していた。

その姿は自分が忘れていた純粋なものだった。


本来、台所から出る生ゴミは、決められた曜日に地域の収集場所に、あらかじめ購入した指定ゴミ袋に入れて捨てる。前の晩に出すことはできない。夏場は臭いも出る。考えようによっては面倒くさい家事の一つだろう。そこで若者たちと私は、どうやったらたくさんの生ゴミを集められるかを考えた。それも楽しいやり方で……。

「社長、生ゴミを捨てるには、町指定のゴミ袋の分、お金がかかります。これを無料で回収したらどうでしょう？　営業時間内に捨てることができれば、お客さんは買物のついでに捨てられます。やまとの売上も増えるはずです！」と言う若者は、さらにこう続けた。

「僕たちが生ゴミ処理機でできた堆肥を農家に届けて、機械の掃除もします。家庭の生ゴミからは良質の堆肥ができるので、それをやまとで売ればリース代の足しにもなります」

何かを世に出すとき、少しくらいのことでは話題にならない。やまとを生かしてくれた地域への恩返しなのだから、これでお客さんが増えるとか、少しでも利益を出そうなどという姑息な考えは一切やめた。

そこで私は、家庭の生ゴミの廃棄を無料どころか〝お駄賃〟をつけて回収することに決めた。人間誰しもきっかけが必要である。多少のお駄賃（インセンティブ）を与えることによって、消費者のルーチンを変えてやろうと思った。

生ゴミ処理機にやまとのポイントカード（「やまとファンクラブカード」と名付けた）を差し込むと、５ポイントが加算され、投入口の鍵が解除されて、生ゴミを捨てることができるようにした。ポイント稼ぎのために細かく何度も捨てられないように、一度捨てた後は同じカードで２時間は鍵が開かないようにも設定した。

生ゴミの量ではなく、回数ごとにポイントをプレゼントして、毎日やまとに来てもらうことを狙ったのだ。お客さんは生ゴミを入れていたバケツや手をその場で洗って、やまとへ買物に行く――こうした新しい習慣が生まれ、お客さんも増えていった。

管理をしてくれている若者たちにバイト代も払えるようになり、見事にこの企画はヒットした。再生したやまとのシンボルになった。

全国ネットのテレビ番組に登場

ある朝、いつものように仕事に出かける車中に、友だちから電話がかかってきた。

「おまえ、何やったんだ？　全国ニュースでやまとのことやってるぞ！」

悪いことをした覚えはなかったので、どんな内容かはわからなかった。

「ゴミのことだ！　テレビ見ろよ！」

フジテレビの朝のワイドショーで、メインキャスターがやまとの生ゴミ処理機のことを取り上げた業界新聞を紹介していた。

「このアイデアはすごい！　ゴミを持って行けばポイントがもらえて、買物に使える。できた肥料で野菜をつくって、またその店で売る。ゴミ捨てが習慣にもなるし、自治体の負担も減る。何しろ循環がしっかりできている！」とキャスター。

たまたまその新聞記事に目が止まったのだろうか、私も事前には知らされていなかった。

さあ、それからがたいへんだった！

テレビを見た環境団体や自治体、業界関係者など県内外から連絡があり、視察の申し込みが殺到した。説明する社員もいなかったためすべて私が対応したが、まだ40代そこそこの自分を社長だと思っていない団体も多かった。

全国放送で地域ネタを抜かれてしまった山梨のテレビや新聞も、後を追うように連日にわたって報道した。市長が生ゴミ処理機の前でインタビューを受け、「韮崎市は環境都市宣言をしています！」と微笑んでいたが、実際のところ、補助金はもらっていなかった。

「そんな大ごとか？」と感じながら、私は他人事のようにその状況の中にいた。

「できた肥料を販売するのか？」と、農協から問い合わせもあった。

「いえいえ、個人の農家や学校に無料で配布して野菜づくりに使ってもらいます」

どうやら農協にとって肥料の販売は大きな収入源だったらしい。農協とケンカをするほどの勇気はなかった。


この事業をきっかけに、環境団体や学校からの講演依頼が増えていった。いままで出会うことのなかった人たちだった。切った張ったと生き馬の目を抜く業界の中にはいない、純粋に地域の環境のことを考えている人たちとの触れ合いに心が洗われる思いがした。

「そうだよな、こんな人たちの中で生きていきたい」と私は痛感した。

「自分は少しだけ良いことをしたのかもしれない……」

ゴミを集めることによって、その店舗の売上も増えていった。そうなるとほかの店舗がある地域でも、同じことをしてほしいとリクエストが届く。

最終的に半数の店舗に同じシステムを導入した。もちろん、補助金などもらわずに。

地域密着を超えて「地域土着」へ

「これで地域への恩返しは終わった」

そう思った私は、その後は破綻したスーパーの店舗を引き継ぎながら、いたずらな成長よりも維持することを優先して経営に取り組んでいった。しかし、やまとに頼めば協力してくれるとの評判が立ち、さまざまなお願いごとが舞い込んでくる。

仕事以外で知り合った人の提案でアルミ缶を集めて換金して寄付したり、そのプルトップを売って車椅子を贈ったりもした。古新聞・古雑誌も、生ゴミと同じくポイントをサービスして回収した。古着やリコーダーを集めて、海外の子どもたちに贈った。

いまでは全国に広まった、ペットボトルのキャップを集めて発展途上国の子どもたちにワクチンを贈ることも積極的に行い、山梨県では断トツの回収量となった。さらに、乳がん撲滅の啓蒙のために「ピンクリボン自販機」と称してピンク色の自販機を店頭に置いて、その売上の一部を団体に寄付した。やまとの中心顧客であるおばあちゃんたちにその趣旨が理解できたかどうかは不明であるが……。

私は人様から「アイデアマン」と評価されることもあった。しかし、これらすべては環境保護への取り組みの中で知り合った人たちからの提案をそのまま実行しただけのことだ。

だから、すべての取り組みの中で「何をするにしても本業以外で利益は取らない」と決めた。回収品売却などで金銭が発生したときには、関係団体や地域に全額を寄付した。

お人好しの性格から断ることもできず、次から次へとリクエストに応えていった。総務省が後援する「ちいき経済賞エコロジー賞」なんて賞もいただいてしまい、恐縮していた。

生ゴミを土に還す取り組みから着想を得て、やまとのキャッチフレーズを「地域密着」といった、どこにでもありそうな安直なフレーズではなく、実行を伴う「地域土着」にしようと決めた（本当は、やまとにしか頼めないという理由で「地域癒着」にしようと考えたが、あえなく却下された）。

舞い込んだレジ袋有料化計画

メディアにも頻繁に登場し、多少天狗にもなっていた頃、大きな依頼が舞い込んだ。県の環境担当者が会社を訪れ、私にこう切り出した。

「やまとさんの環境への取り組みに対しては県でも感謝しています」

あたりまえだよ！　本当は行政の仕事なのに、こっちは全部自腹でやっているんだから。

「県では、スーパーのレジ袋を減らすために有料化したいと考えています」

いままで無料で配っているレジ袋を有料にするって？　そりゃお客さん怒るよ！

「まずはスーパーが先陣を切ってやりましょう。やまとさんにリーダーシップを取ってもらいたいんです」

無理！　どこのスーパーもやりたがらないよ。お客さんが離れるに決まってるから。

「しかし、ほかのスーパーに打診しても『全県でやるなら考える』とのことで、なかなか進まないんです」

ほらね、スーパー業界なんて厳しいから、余計なことはしたくないのさ。

県の担当者は困っていた。きっと上の人から「行って頼んでこい！」と言われたんだろうな……。困っている人を見ると放っておけない、坊っちゃん育ちの弱いところである。

「本気でやりたいと思ってます？　レジ袋の有料化を」と私。

「もちろんです！」

「県内全部のスーパーがやることが条件ですか？」

「できればそうしたいと思います」

「私の好きにやっていいですか？」

「もちろんです」

「じゃあ、やります！　でも、個人的にレジ袋の有料化は反対ですからね」

「なんでもいいです……」

そう言うと、担当者はホッとした表情で帰って行った。


安請け合いしたものの、どうやってやればいいのかまったくアイデアは浮かばなかった。期限を切らないと先延ばしになってしまうと思いながらも、時間ばかりが過ぎていく。

そして、第1回目のレジ袋有料化の準備会議が開かれた。行政の関係者、消費者団体、学識経験者、名の知れた県内外資本のスーパー関係者が一堂に会した。「社長」と呼ばれる立場の人間は自分だけだった。


「レジ袋を有料にすれば、お客さんが別の店に行ってしまう」

「スーパーだけじゃなく、コンビニやホームセンターも一緒にやらないと意味がない」

「消費者の混乱を考えると、十分な周知期間が必要だ」

「うちは全国チェーンなので、山梨だけで有料にするわけにはいかない」

参加者からの意見はどれも後ろ向きなものばかり。やりたくないのが見え見えだった。

その中には、「マイバッグなんか売場に持ち込まれたら、万引きが増えて被害が発生する」など、消費者には聞かせたくない発言も多かった。

私が反対する理由はこうだった。

もともとスーパーやコンビニは、お客さんに言われるままにレジ袋を無料で渡してきた。もちろん、その財源はスーパーの利益の中からサービスとして捻出していたが、レジ袋で家庭のゴミを出してもいい町もあった。レジ袋は無料でもらえるゴミ袋でもある。

それを「県内全部のスーパーが一斉に有料にするから、自分の袋やバスケットを持って買物に行け。金を取られるのは嫌だから、その結果レジ袋は減るだろう」とは、なんたる安易か！　なんたる勘違いか！

お客さんに向かって「これから買物にはマイバッグ持参で来てください。環境のためにレジ袋を有料にします」などと言えるか！

県の狙いを翻訳するとこうだ。

「これからレジ袋が欲しいときはお金（罰金）を取るから、それが嫌ならマイバッグを持ってくるか、辞退するかしてね。環境のためだから。環境、環境、環境！」

やまとは家庭の生ゴミを集めるために〝お駄賃〟まで出している店だ。そんな店でレジ袋をお客さんに買わせるなんてできっこない。

でも、「やれ」と言う。「あんたが先頭切ってやれ」と言う。

確かに約束もした。さて、どうする……。

マイバッグ無料配布とレジ袋下取り

絶対に実施したい行政側、「協力は惜しまない」と言う消費者団体に対して、はなからやる気のない流通業界側は、決裁権のない担当者による「会社に持ち帰って検討します」の一点張り。そのたびに1カ月、2カ月と先延ばしにされていく。

力ずくでやるしかないと思った私は、消費者団体の女性を味方につけようと決めた。会議の後も積極的に話しかけ、彼女たちの不満を聞いて回った。

「いくら会議なんかしても、スーパーの人たちはなんだかんだと理由をつけてやりたがらない。これじゃあ実現するのは難しいわね」と女性たち。

「みんなの合意を待っていたら結論は出ませんよ。それなら、やまとが先にやり始めてもいいでしょうかね？」と私。

「もちろん、いいわよ。でも、いろいろ言われない？」

「そんなのもう慣れっこです。それに自分は若いけど、唯一の社長だから即決できます！」

「応援するわよ、どんどんやりましょう。みんなで協力してやっちゃいましょうよ！」

年頃は私の母親の年代の女性である。商家に育った自分にとって、そうしたおばちゃんたちは常に味方に見えた。

まず、消費者団体と一緒に自腹で布製のエコバッグを2000個つくり、スーパーの店先でお客さんに無料配布した。レジ袋を有料にする前に「これからはこれを使ってください。それでも忘れたときやこれで足りないときはレジ袋を買ってください」と伝えた。

消費者団体のおばちゃんたちは、エコバッグの配布をやまとの競合店でもやってしまったので、お小言を言われたらしい。もちろん配布したエコバッグにはやまとの名前は入れず、どこのスーパーでも使えるようにした。

ちなみに県内各スーパーで売り始めたマイバスケットには、それぞれの社名やロゴが入っている。そのためお客さんは買物に行くたびにカゴを変えなければならず（そんな必要はないのだが）、車には複数のマイバスケットが用意されている。ポイントカードが何種類も財布に入っているのと同じだ。

私はそのことを聞いていたので、やまとのマイバスケットには社名を入れなかった。

「助かるわ、ほかのスーパーに行くときも使えるから！」

少々複雑な気持ちだった。

さて、マイバッグを無料で配布した後は、やまと全店で「家庭で不要のレジ袋を下取りします！」と、どんなレジ袋でもやまとに持ち込めば１枚１円のポイントで買い取るようにした。「これからはレジ袋が有料になる。無料でもらえる時代は終わるのだ」ということをお客さんに知ってもらうためである。

競合他社は、弱小やまとが自社のレジ袋を買い取ることを悔しがったが、レジ袋の有料化に気が進まないこともあり、私のスタンドプレーは黙殺された。

有料レジ袋を実質無料にする

これをメディアが放っておくはずがない。

やまとが生ゴミだけでなく、レジ袋も買い取ることを始めたこと、無料のマイバッグを配布して環境問題への理解を求めることなど、お仕着せでなく企業も身を削って環境への取り組みを進めようとしていることへの賛同の声が上がった。

弱小企業やまとにお株を奪われる形となった県内すべてのスーパーは、消費者の声を無視することができず、ようやくレジ袋の有料化に踏み切ることとなった。消費者団体のおばちゃんたちは「あんたのおかげだよ」と言ってくれ、私は「スーパーは消費者を無視できないんだよ」とお互いを褒め合った。「レジ袋無料配布の中止」という言葉遊びのような名称に変わったことはこの際どうでもよかった。

こうして2008年6月30日、山梨県全県でレジ袋の有料化が始まった。私に「この計画の牽引者になれ」と言った県職員の顔は十分立てたはずである。

ここからは、自分のやり方でやらせてもらう段階に入ることにした。

そもそも自分はレジ袋を売ることなど、いまでも反対である。レジ袋の有料化により、各社は1枚5円で販売した。そこで、やまとは1枚2円にした。なぜならレジ袋の仕入原価は2円だからである。

「環境のために」と言いながら、レジ袋で利益を出してはいけない。そもそも無料だったレジ袋を販売することは、「環境のことを考えない消費者からはペナルティを取るから、マイバッグを持ってこい」という見下し目線の考え方だ。

レジ袋はこれまでどおり無料で配布するが、消費者が自主的にこれを辞退する。これこそあるべき姿である。

結果、他社は5円で販売して辞退率が80%、やまとは2円で販売して70%だった。

「やまとは安く売るから効果が低い！」と、ほぼすべてのスーパーから攻撃された。

いままで利益の中からレジ袋を仕入れて、コストとしてお客さんに配っていたスーパーにしてみれば、販売価格の5円から仕入原価の2円を引いて3円の利益が出る。それに加えて仕入原価の2円がなくなるため、実質5円の純利益がもたらされるのである。

やまとでさえ年間1000万円のレジ袋を仕入れていたから、有料化した途端に1000万円の純利益を得た。加えて、販売したレジ袋の金額分も利益が増えることになった。

大手のスーパーなど、とんでもない利益が転がり込んできただろうに……。レジ袋有料化特需である。

こんなことは駄目だ。環境を語って金儲けをしてはいけない！

そこでやまとでは、お客さんに次のようにお知らせした。

- やまとはレジ袋を有料にしますが、事前にプレゼントしたマイバッグをお持ちください。
- そして、それを忘れたときや足りないときだけ原価の2円でレジ袋を買ってください。
- レジ袋を辞退してくれたら、その分仕入れをしなくて済むので、2円分のポイントを差し上げます。

- 家にある不要のレジ袋は1袋1円のポイントで下取りします。回収したレジ袋はどこでも使える無地のレジ袋に再生して、店舗で2円で販売します。
- 各レジに置いてある、端数のお支払いに使える一円玉を使って、レジ袋を購入できます。
- レジ袋の販売金額やお客様への還元金額は、すべてホームページで公開します。

早い話、やまとではレジ袋有料化を「実質無料」にしたのである。これにより、やまとで買物をするときにレジ袋を断れば断るほど、お客さんの得になる仕組みにした。

私は先々でこのことを訴えたが、「各社もレジ袋販売による利益は地域に還元している」との理由で取り上げてはもらえなかった。１００分の1にも満たない還元だったが……。

10年経ったいまでも、山梨県全県でレジ袋の辞退率は80％前後で推移している。

甲府市はその後、レジ袋でのゴミ出しを禁止して、指定ゴミ袋の販売を開始した。

そういうことだったのか？　……まあいいさ、ともあれレジ袋は減ったのだから。

愚策・レジ袋有料化全国で始まる

２０２０年7月。国の施策で、全国の小売店でそれまで無料で配っていたレジ袋が有料になった。原料のプラスチック比率が低ければ無料で配ってもいいなどの決まりもあるが、ともあれ日本も先進諸国並みになってきたということか。カフェのマイボトル使用や商品の量り売り、詰め替え用のシャンプーなどもすっかり定着してきた。疑問があっても、日本人はルールを決めるとみんなで守ろうと努力する。

２００８年に山梨県が開始したレジ袋有料化の大義は「レジ袋の製造や焼却で発生するCO_2を減らし、地球温暖化を防ごう」というものだった。現在、その趣旨は「プラスチックゴミを減らし海洋汚染を防ごう」に変化した。地球温暖化に対する見解もさまざまであり、何が真実なのかは私にもわからない。この真面目な日本人が廃棄したゴミが、世界中の海を汚しているとは思えない。プラスチックゴミ全体のわずか２％に過ぎないレジ袋を槍玉にあげ、無料だったレジ袋を有料化することで客の行動や意識をコントロールしようとするものだ。

「レジ袋を有料にしなくても、自ら辞退する世の中でなければいけない」という持論がきれいごとなのは知っている。

「レジ袋を有料にすればスーパーには莫大な利益が転がり込む」

この事実は世の中で黙殺された。

新たに始まった国のレジ袋有料化に対して、次のようなガイダンスが示された。
●レジ袋を安く売ってはならない。
●辞退した客にポイントなどを還元してはならない。
●企業に生じる利益の使い道は公表しなくてよい。

お気づきだろうか？　これらはすべてスーパーやまと全否定のやり方である。

「レジ袋有料化に乗じて、これを販促に使ってはいけない！」ということだ。

店により販売額が違うのだから、レジ袋有料化を「レジ袋商品化」と改名し、そのレジ袋にも消費税が課せられることを広く消費者に告知することを提案する。そしてレジ袋よりもっと大量に出る食品トレーを減らすことを優先すべきである。

「大手企業や国が、田舎のやまとのことなんか気にするわけないだろ！」

おっしゃるとおりである。吠えてみたいだけの話だ。

環境問題は聖域なのか？　家庭の生ゴミを堆肥化し、古新聞・古雑誌・古着・廃油を回収し、アルミ缶やペットボトルも回収・換金して地域に寄付。環境に対して協力してくれるお客様を優遇してきたやまとの経営方針を否定するのか？
「本日ポイント10倍」「冷凍食品全品半額」「タマゴ１パック58円」よりずっとお行儀がいいはずだ。やまとはその取り組みを県の推薦もあって国から表彰されたのに、いまでは全否定。表彰式でもらった金のプレートを返したい気持ちだ。勲章を国に返還したジョン・レノンのように。

おっといけない、格好つけてもやまとはもう存在していない。

全国で有料化が始まると山梨県内のメディアは「山梨では有料化の歴史も長く県民にも定着している」と自慢げに報道していた。そこにはやまとの「や」の字も登場しない。たくさんの友人から「ありゃ小林さんがやったものだよね！」と慰めてもらって嬉しかった。この際勢いにまかせて言わせていただく。

「山梨県のレジ袋有料化なんて、みんなが反対する中、消費者団体のおばちゃんたちとやまとと、もともとレジ袋なんか配ってなかった生協のおっちゃんが体を張って力ずくで始めたことじゃやねぇか！」

環境保護で儲けてはいけない

使用済みペットボトルの回収にも噛みついた。

よくスーパーの店頭に「環境のためにリサイクルします」といった文言と共に、空ペットボトルの回収箱を見かける。ふたを外し、フィルムを剝がし、容器を洗って、かさばらないように潰して入れるのがベストな出し方とされる。

ちょっと待て！

この空ペットボトル、石油製品であることから、産廃回収業者が店舗から買い取ってくれる〝資源〟なのである。ベストな出し方をすれば、そのまま業者が持ち帰りやすい。

環境のためと言いつつ、利益が発生する……。これも駄目である。

そこでやまとでは、自治体や社会福祉協議会に金銭や車椅子という形で寄付した。ちり紙交換の発想である。空ペットボトルは再生されて、また別のものに形を変えていくだろう。

お客さんが所有権を放棄して、スーパーに託した資源に、スーパー側の利益が発生する。

「余計なことを言いふらすな！」と、また脅かされそうである。

その後、古紙の有償回収も始めた。持参してくれたお客さんに古新聞や古雑誌の重さに応じて買物に使えるポイントをプレゼントした。生協の方々と協力して、家庭廃油もポイントをつけて回収した。

このように、家庭の生ゴミを買い取り、レジ袋を有料化（実質無料化）し、不要レジ袋を買い取って再生し、空ペットボトルは業者に買い取ってもらい地元に寄付し、そのキャップは発展途上国の子どもたちにポリオワクチンとして贈り、古紙も廃油も有償で回収し、古着も楽器も集めて必要な人に贈る。

スーパーマーケットとして特にやらなくても誰からも責められないことを、どんどんやった。やまとを見捨てないでくれた地域のお客さんたちへの恩返しのつもりだ。

そして、やらなくてもいいことをやるのだから、楽しんでやろうと決めた。同業他社からは、規模の小さいスーパーに環境保護への取り組みで先んじられることにメンツを潰されたと快く思わない空気がはっきりと感じ取れた。

それが作戦だった。

メディアも「もっと大手企業がリーダーシップを取るべきだ」と煽る。しかし、規模の小さい会社、それも若い社長にすべて先を越されてしまうのだ。

個人攻撃は表に裏にさまざまあったが、お客さんはやまとの行動とそのスピードを評価してくれた。大手スーパーも負けまいと知恵を絞って、やまとのやり方以外の取り組みを開始すればいいのだ。

私は40代そこそこと若かったし、メディアの取材には直接自分が対応していたので、何か行動を起こすたびに新聞やテレビで紹介してもらえた。具体的にやって見せて、メディアでは反論のできない正論を説く。

有言実行ならぬ「実行有言」の造語と共に、やることをやってから言いたいことを言うようにした。若さゆえ、そうしないと聞いてもらえないことも承知していた。

「やまとではやっているのに、おたくの店はやらないの?」というお客さんからの声を、店は無視できないはずだ。なにせ、いずこも「地域密着」をうたっているのだから。

カッカさせれば相手は動く。その結果、山梨県は環境への取り組みで全国でも先頭を切ることになる。作戦成功である。山梨県は当時、環境大臣を輩出していていた。それゆえ、環境への取り組みに積極的にならざるを得ない状況でもあったのだろう。

しかし、自分にはそんなことはどうでもよかった。環境問題に取り組むNPO団体や教育関係者など、いままで付き合うことのなかった商売と関係ない人たちが、それぞれの分野で一生懸命活動していることを知ることができた。

それまでの私は、勝った負けたと人と自分を比較し、人が失敗したり競合店が閉店したりすれば喜んでいたような最低レベルの人間だった。

世の中は金じゃないな……。彼らが自分を生まれ変わらせてくれた気がした。

貧困家庭への食料品支援

その後も次々と依頼が舞い込んだ。

山梨県には「フードバンク山梨」というＮＰＯ法人がある。生活困窮家庭に食料品を届ける団体である。まことに頭の下がる活動である。

商家に生まれ、なんの不自由もなく育った自分にとって想像もできない現実をそのスタッフから聞かされた。お客さんに協力していただき、一品余分に買ってもらって、それを集めて届けたいとのことだった。

「ほかのスーパーでは協力が得られないんです！」とスタッフ。

「断る理由がないと思うんだけど？」と私。

「『ＮＰＯっていうこと自体がうさんくさいし、補助金でやっている団体だろ？　うちは寄付するためにお客さんに買ってもらうなんてことできない！』という感じなんです」

「やだやだ。余計なことしたくないから、断る口実を探しているだけだな。すぐ、やまとでやろう!」

即決した。ほかがやらないならうちがやる。ほかに先を越されて悔しい思いをするくらいなら率先してやろう。ましてや、それで誰かが喜ぶなら断る理由などない。

すぐさま、やまとの全レジに段ボールでできたドラム缶サイズの「きずなBOX」が設置された。もちろん、この活動を理解してくれたお客様には、寄付してくれた商品に対するポイントを10倍にするインセンティブ(お礼)をつけた。

やまとのほかに協力したスーパーは1、2社のみだった。「みんなでやれば喜ぶ人が増えるのに」とスタッフは悔しがった。

それでもその後、スーパー以外の食品メーカーなどの協賛が増え、貧困家庭、とりわけ子どもたちの長期の休みには全県挙げて食料品を届けるようになった。

やまとの倒産時、今後二度とお役に立てない謝罪の気持ちを込めて、私は賞味期限の迫ったお菓子をフードバンク山梨に届けた。春休みに子どもたちがたくさんのお菓子を見て、少しでも笑顔になってくれたらそれでいい。

ホームレスを正社員として採用

フードバンク山梨では「ホームレス」と呼ばれる人たちの社会復帰を支援する活動も行っていた。社会復帰を目指す準備として農場で作業をしてもらい、その対価として食事などを提供するというものだ。

ある日のテレビニュースで特集され、社会復帰を望む数人の男性が農作業に従事していた。ニュースでは、その中のひとりの男性がこう言っていた。

「生活保護に頼りたくない。きちんと社会復帰して、助けてくれた人に恩返しがしたい」

いい話じゃないか。リターンマッチができる世の中でなくてどうする！

テレビ画面の男性たちは顔にモザイクがかかっていた。それも仕方あるまい。

しかし、その中のひとり（Sさんとしよう）は顔がはっきりと画面に映り、社会復帰への熱意が人一倍感じられた。50代くらいだろうか、つらいだろうな……。

こんなとき、必ずスイッチが入る。なんとかしたい……と。

私はすぐさまフードバンク山梨に連絡を取り、そのSさんに会いたいと申し込んだ。

「会ってみて良かったら、やまとで採用を考える。それも正社員として」

自分の腹は決まっていたが、あえて段取りを踏むことにした。

「よろしくお願いします！」と、応対してくれたスタッフの声は高揚していた。


こんなネタをメディアが放っておくはずがない。それからSさんの密着取材が始まった。私との面接に向けて緊張している表情を放映し、どんな気持ちで面接に臨むかを聞いていた。人から借りたワイシャツとネクタイ、自転車で移動する風景……。

少し違和感はあったが、唯一自分の顔にモザイクをかけなかったSさんの男気に敬意を表して取材に文句はつけなかった。

「体は丈夫ですか？」と私。

「もちろんです！　なんでも一生懸命やります！」とSさん。

「変な薬とかやってませんよね？」

「とんでもありません！　そんな余裕もありません」

失礼かと思ったが、これはわけあっていつも聞く質問である……。

「正社員として採用します！　よろしくお願いします」と私は、その場で即答した。

Sさんは少し困惑した様子だったが、カメラの前で精いっぱいの笑顔を見せた。美談の成立である。

そこからがたいへんだった。

昨日まで公園で暮らしていた彼の住まいを探さなければならない。やまとはそのとき新店舗の開店を控えていたので、その店に彼の唯一の移動手段である自転車で通勤できるところにアパートを探した。

新店ならスタッフも全員新しいメンバーで、みんなが同じスタートラインに立てるだろう。アパートは私が保証人となり、費用を負担した。家財道具など何もない。布団やテレビ、レンジやポットはパートさんたちが不用品を提供してくれた。

彼の社会復帰に雑音が入ってはいけないと、携帯電話は持たせなかった。給与振込口座をつくり、キャッシュカードも持った。社会保険に加入させたから、歯の治療にも行ける。アパートでの食事は店の残りものを安く買えるので、そんなにかかることもない。

新店舗での開店日、彼には店の入口でお客さん一人ひとりに「いらっしゃいませ！」と元気に声をかけ、買物カゴを手渡す仕事をさせた。これ以外にできることはなかったからだ。

しかし、彼は初めて会ったときとまったく違い、これからの人生への希望を感じていたに違いないことは、その表情からもはっきりと感じ取れた。

「テレビで見ましたよ、頑張ってね！」と、来店客が次々に声をかけた。彼は恥ずかしがりながらも「ありがとうございます」と頭を下げていた。

彼の社会復帰の夢が叶った瞬間だった。その日から、彼のあだ名は「店長」になった。

私は嬉しかった。

失踪先からの一通の手紙

ニュースを見た同業他社から、すぐさま「売名行為だ！」と非難された。

いつものことだ。非難するのは簡単なことだが、やってみれば、これがどれだけたいへんなことかわかる。

私は価値のあることだと思ったから、自分でリスクを取って行動に移したまでだ。加えて、やまとや私の知名度はすでに高かった。「売名」する必要もない。

「屋根のあるところで働けるだけで幸せです……」とSさんは言った。

これだ！　自分たちが忘れていた感情だ。平穏な暮らしがあたりまえだと勘違いし、もっともっと上を目指す（欲をかく）。他人より自分を優先し、嫌なことや面倒なことは避けて通る。

口では偉そうなことを言っても、いざとなったら傍観して見て見ぬふり。反論されると矢のように言い返し、自分の正当性を展開して相手を論破する輩ばかりだ。

自分は商人であり、士農工商のランクでも一番下に位置して、世の中を支える立場の人種だ。彼のひと言が私をもう一度目覚めさせてくれた。

テレビのドキュメンタリー番組として、彼の取材は続いた。ホームレスから見事に社会復帰を遂げた男の半生を追っていた。

しかし、就職して3カ月ほど経った年末、彼は突然消えた……。

休日明け、彼が出勤して来ない。心配したスタッフがアパートを訪ねたところ、昨晩食べた弁当の容器や飲み物の空き缶がそのまま置かれ、いかにも誰かに連れ去られたような状況に見て取れた。フードバンク山梨にすぐさま連絡を取り、警察に捜索願を出した。

「おまえたち、誰かSさんをいじめたりしなかったか？」

私は店のスタッフを問い質した。

「絶対そんなことはありません！　Sさんのおかげでみんな協力しているし、自分たちの甘さも教えてもらいましたから」

まさか仕事やほかのことで悩んで、良からぬことを考えてはいないか。良かれと思ってやったことが裏目に出たのではないだろうか。これが〝売名行為〟の結末か……。

とにかく生きていてくれ！　神にすがる思いだった。

彼が失踪してから3カ月、ひとときもそのことが頭から離れることはなく、その年の暮れや正月は生きた心地がしなかった。

年が変わり春を迎えた頃、フードバンク山梨に彼から一通の手紙が届いた。

「せっかく社会復帰させていただいたのに、自分のわがままで逃げ出してしまい申し訳ありません。人の中で生きていくことに疲れてしまいました。感謝の気持ちは忘れません。必ずご恩返しをいたします」

いまは長野県で交通整理員の仕事をしているという。

生きていることを知り、心の底からほっとした。

社会からあぶれてしまった人は社会復帰しても、ちょっとした何かの拍子でまたもとの生活に戻ることがある。専門家が私を慰めてくれた。フードバンク山梨でも同じことを危惧していたと聞いた。

彼を追ったドキュメンタリー番組はハッピーエンドとはならなかった。テレビ局はそのことまでを含めて番組をつくり、スポンサーのつかない深夜に「ホームレスの社会復帰の難しさ」を伝える内容に変更して放映した。

自分は余計なことをしたのかもしれない。放っておいたほうが楽だったに違いない。このことの結論はいまだ自分の中で出ていない。

正義の味方「やまとマン」誕生

この頃から、いろんな団体から環境保護への取り組みや経営戦略などについて講演を頼まれるようになった。

自分は商人のせがれだから、人前で話すのは好きではないが、得意だった。講演会などという高尚な内容ではなかったので、自分ではトークショーとかお座敷と呼んでいた。老人ホームや幼稚園から大学、各種経営者団体、病院の待合室で話したこともあった。

すべて謝礼は断った。自分の本業はローカルスーパーの経営者であり、人様の人生に影響を与える人格は持ち合わせていない。わかりやすく、笑ってもらいながら自分の経験を披露するだけの「お座敷」は３００回を超えた。

聴いてくれた人は、私のことを巨悪に独りで立ち向かう正義のヒーローか何かに重ねて見ていたのだろうか。自分でもそうなりたいと思うのに……。

こうなれば、皆さんの期待に応えようじゃないか！

友人のデザイナーに頼んで、自分の似顔絵からキャラクターをつくってもらった。

「やまとマン」の誕生である。

我ながらよく似ていると感心したやまとマンのイラストは、スーパーマンのようにマントをなびかせ、胸には「S」の代わりに「や」の字をあしらった青いシャツを着ている。困った人がいたらすぐに飛んでいく正義の味方のシンボルとして、やまとのチラシや店内のPOP、掲示物に登場させた。

人前で話をさせてもらうときには、そのやまとマンが入った「笑う門には福来る」と書かれた金色のシールを先々で配った。皆さんの大切な時間をいただくことに対する感謝とお詫びの印だったが、学校や経営者の間で人気を呼び、最終的には自腹で2万枚制作し、配りきってしまった。いまでも町のトイレや飲食店のレジに貼ってあるのを見かけるが、なんとも恥ずかしい気持ちである。

一度、焼鳥屋で自分のシールが貼ってあるのを見つけたので、知らないふりをして「マスター、そのシール余分に持ってたら俺にもらえないかな?」と聞くと、「俺もこれしかないんだよ、また友だちに言っとくわ。なかなか手に入らないらしい。これを持ってるとお金が貯まるって評判なんだ」と店主。

いやはや、そのシールの本人は後に自己破産することになるんだが……。

正義の味方やまとマンの名に恥じぬよう、商売にしても行動にしても、弱きを助け強きをくじくことを貫かなくてはならない。私自身も、第三者の立場でやまとマンを目標に生きることにした。

損得より善悪。迷ったらやる。誰もやらないなら自分がやるのだ。「利は義の和なり」と格言にはある。会社を維持する程度の利益なんか、後からついてくるはずだ。

「人の立場に立って考える」

「困っている人がいたら手を差し伸べる」

「見返りを期待しない」

これらはすべて学校で教わったことである。先輩経営者からはよく「おまえの言っていることはきれいごとだ。そんなことで経営はできない！」と言われた。そのつど負けず嫌いの血が騒ぎ、「きれいごとで生き残ってやる！」と自分に気合いを入れた。

第4章

頼まれたら、選挙以外は断らない

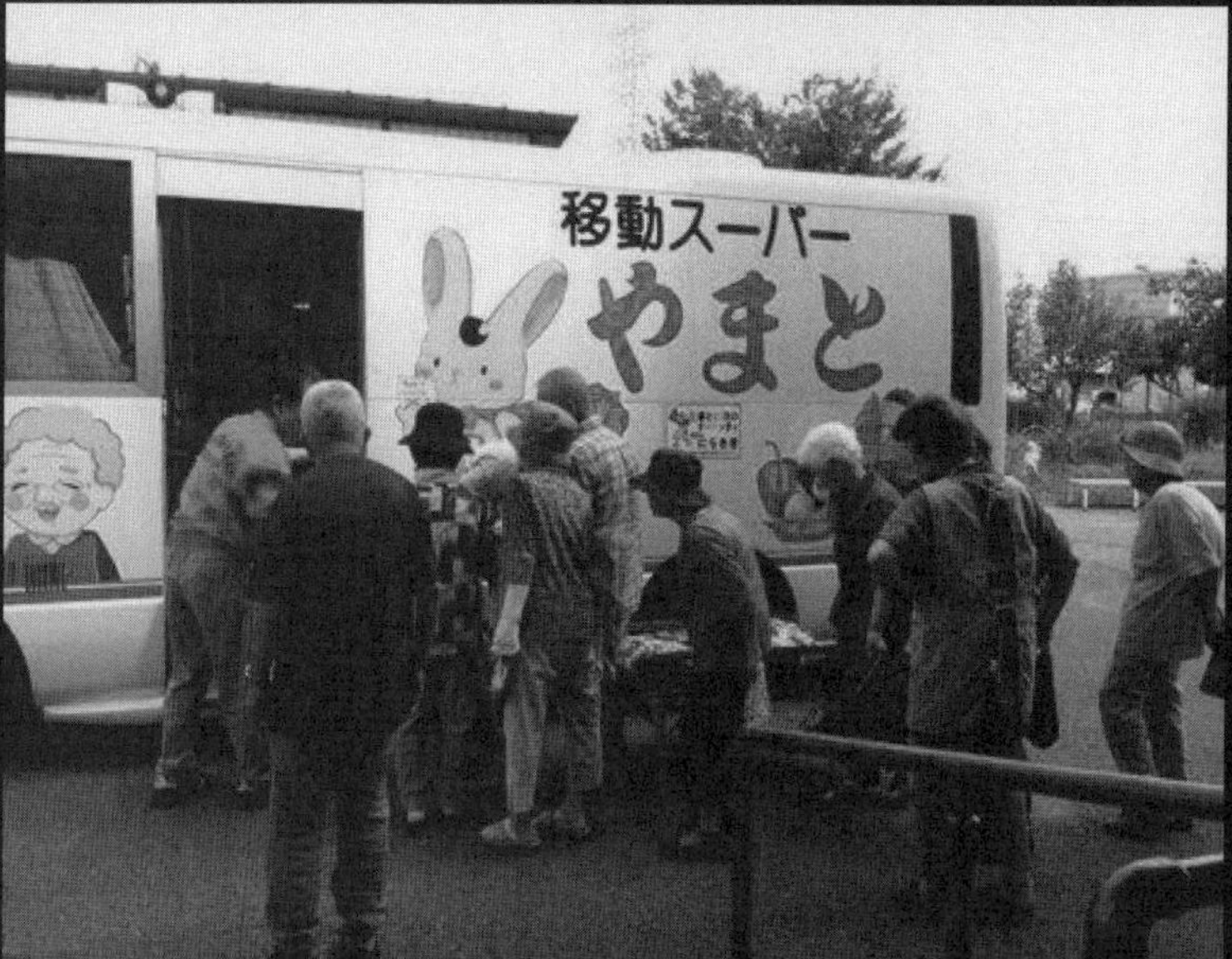

買物に行けないお客さんに好評だった移動販売車

発祥の地からの出店要請

ある日、韮崎市の副市長から連絡があった。

「社長さん、韮崎市の本町通りにあった唯一のコンビニエンスストアが閉店してしまった。ここには歩いてしか買物に行けない高齢者が多い。やまとの発祥の地であるこの通りに、なんとかもう一度店を出してはもらえないだろうか」

韮崎市の本町通りは、古くは甲州街道の宿場町としても栄えた通りである。やまとの前身である鮮魚店もここにあり、スーパーマーケットに業態を変えてからも、多くのお客さんに支えられた通りである。店の2階で育った自分にとっても思い出深い通学路だった。

時代が変わって、郊外のバイパス道路に沿うように商業施設が広がっていき、やまとも赤字に転落、私が社長になってすぐ店舗を撤退した通りでもある。日本中で駐車場のない旧商店街が寂れていく話は聞かれるが、ここも例外ではなかった。

韮崎市役所を起点としたその本町通り、その中には一軒も食料品を買える店がない。真夏の暑い日に、銀行や病院帰りでバスを待つ間、高齢者がトイレを使ったりベンチに座ったり店の中で涼むこともできないのだ。

すべて私が店舗を撤退したことが原因だった。

経営危機の中、金融機関の勧め（脅し）によりやまと発祥の地から撤退したことには、常に自分の心の中で葛藤があった。その撤退により赤字がなくなり、やまとは経営を持ち直すことができた。赤字店舗の閉鎖が会社に大きな利益をもたらすことを痛感した。大企業がいとも簡単に撤退する意味もわかった。

しかし、私は損得だけで決断し、お世話になった近隣のお客さんたちに迷惑をかけてしまったのだ。いまなら償いができるかもしれない。

依頼された出店候補地は、潰れてしまったコンビニエンスストア2店舗のうちのどちらかだという。こんな駐車場もない時代遅れの商店街に、向かい合うようにコンビニが2店舗あったという。お客さんを奪い合って共倒れしたのだろう。

撤退したやまとの売上を当てにしたのかもしれない。1店舗ならコンビニも成り立っていたはずなのに、ここでも、欲に駆られた思惑によって商店街と地域住民の生活が蝕まれたのだ。

「やりましょう！」と、採算など考えることなく私は即答した。復活したやまとがまた地域に恩返しができるからだ。

近くにはやまとの本社を2階に抱える店があった。毎朝そこから商品を運び、売れたらまた午後商品を追加する。夜8時に閉店した後、残った商品は12時まで夜間営業している店に運び、値引きして売り切る。従業員はのべひとり、いまいる従業員が交代で店番をした。コストは極限まで下げたが、どうやっても利益など出ない。韮崎市から家賃分の10万円だけ補助してもらったが、それでも毎月10万円の赤字が出てしまう。私は開店時から自分の給料を10万円下げて、その補填をした。

自分勝手な「贖罪」……。

後で知った話だが、そのコンビニの跡地への出店要請はほかのコンビニや個人商店など方々に声をかけたがすべて断られ、駄目もとで副市長がやまとに飛び込んだという。

その副市長、もとは民間大企業の社長だったが、その親会社が行き詰まり、経営破綻の処理の後、韮崎市の副市長に抜擢された人物である。おまけに韮崎市民でもない。

その向こう見ずの手腕と迫力に圧倒され、めでたくやまとの開店となったのである。みんなが断るなんて最高の条件だった。負けず嫌いであまのじゃくな性格は経営者には向かない。

同じ性格の副市長もその後、市職員と折り合いが悪くなり一期で退任する。彼が退任した後に社長を務めた会社には、今回の件でやまとの従業員が再就職させてもらった。出会いに無駄は一つもないのだ。

その小さな店の開店日、快晴の下、市長が店先で声高らかにあいさつをした。

「これで近隣の皆さんの買物がまた便利になります。どんどん利用してください！」

集まった市議会議員の面々のあいさつが続く。私と握手をし、笑顔で写メを撮る。さも、自分が誘致に尽力したとでも言いたいのか、どこかに載せるのか。こちらも商人、つくり笑いも得意だった。

とき、市を二分する激しい市長選挙を控えた秋の日だった。

お客さん（地域住民）はほかの地域で便利なことがあると、「自分の地域にも欲しい」と言う。その地域から選ばれた議員さんを通じて行政に要望が出される。

「韮崎の本町通りにやまとができたのは良いことだ。しかし、我が地域にも買物をする場所がない。なんとかしてほしい！」

もっともな考えだ。行政は市民に対して公平なサービスを提供しなければならない。また副市長が飛んできた。「なんとかしたい！　しないと困る」と言う。

好きではないが、〝買物難民〟という単語も世の中で問題視され始めた頃である。調べると、日本全国で日々の買物に困っている買物難民が８２４万人もいるという。

「別に、その８２４万人が餓死しているわけでもない。独り暮らしの高齢者だって、週末に子どもが買物に連れ出してまとめ買いをするし、生協の宅配だってある。そこまで施すのは民間の域を超えている。それは福祉課の仕事だろ？」

コンビニの跡地にやまとを出した時点で、禊を終えたと思っていた私は乗り気ではなかった……。

「移動スーパーやまと」発進

しかし、頼まれたら、選挙以外は断らない――これが私のモットーである。

「移動スーパーやまと」発進！

スクールバスを改造したオンボロ車を手に入れ、車体に高校生の私の娘が描いたやまとマンやおばあちゃんのイラストをラッピングし、かつて自分でも商売をしていた愛想のいいおじさんをドライバーに据えて、その車は韮崎市の商店がない地域を回り始めた。

月曜日から土曜日、個人商店の売上に影響が出ないように、店があるエリアは避けることにし、市内50カ所の停車場にバスを巡回させた。山梨県内ではきちんとした移動販売車はこれ1台だったので、メディアも飛びついたし、韮崎市民も喜んだ。

日曜日には要請のあった市外の高齢者施設を回ったため、県内の至るところでこの派手なバスを見かける人も多かった。昔の移動販売の雰囲気を出したくて、バスの到着を知らせる曲は「韮崎市の歌」ではなく、「きよしのズンドコ節」にした。発車時はもちろん「宇宙戦艦ヤマト」のテーマ曲である。

行く先々で心あたたまるエピソードも生まれ、やまとのイメージはますます上がっていった。

この移動販売車では、やまとは車体のリース代を補助してもらった。中古車ゆえ月々10万円程度である。加えて新規雇用助成金として、運転手の人件費の一部を補助してもらった。

結論から言えば、個人が普通に移動販売しても、商売としては成り立たない。コンビニやスーパーの跡地に出店するのと同様に、良いこととわかっていてもやる人がいないのだ。

商売になるのであればもっと普及しているはずだし、移動販売すること自体がニュースになることからもわかる。

「地域密着」の広告宣伝費として割りきれる大企業ならいいが、普通はやらない。ネットスーパーでマンションの高層階に配達するのとはわけが違い、こちらから売りに出向くことはすなわち生活を支えることを意味する。

商人としての〝覚悟〟が伴うものなのだ。売名目的でできることではない。

移動販売するには商品を市場や問屋から仕入れ、個別の商品として買いやすいように小分けしたり調理したりしなければならない。もともと買物の足がない人が対象で、移動販売車が停まる場所までの足がない高齢者も多い。客足は天候に大きく左右される。雨が降れば、お客さんは停車場に行きたくても行けない。

山道が多く、雪が降れば路面凍結の期間も合わせて1週間程度は運行できなくなる。移動販売車を当てにしているお客さんばかりなのでそうそう休むわけにもいかず、交代の運転者を揃えておく必要がある。

移動販売車の悪い点を社内で出し合った。

価格が高い、欲しい商品がない、鮮度が悪い、頻度が少ない、量目が大きい……など続々と声が上がった。

では、良い点は？

売りに来てくれること、運転手と会話ができること、それくらいか。

「わざわざ売りに行ってやるんだから少しはガマンしろ」と言うようでは、商人失格である。

オイルショックのとき、砂糖やトイレットペーパーの在庫を蔵に山ほど持っていて、

「買いたかったらおとなしく並べ！」とお客を怒鳴っていた先々代のことを思い出した。

「店はお客様のためにある」

「損得よりも先に善悪を考えよう」

経営の教科書にも、そう書いてあるではないか。


人件費とガソリン代、そのほか諸経費合わせて必要経費は1日1万円かかる。粗利益率を20％とすれば、ペイラインの売上は1日5万円。1日10カ所で販売すれば1カ所あたり5000円。5人ずつのお客さんが客単価1000円でトントンの収支である。

これならいけるだろ！　しかし、根拠は？

商品はやまとの店舗の売場にあるものを、ドライバーが車内に陳列する。同じ商品の価格がやまとの店舗と移動販売車で違うという一物二価は絶対に許されないので、店頭価格と同じにした。チラシは買物難民地域にも入るので、特売品も同じように販売した。お買い得商品を購入できる権利は買物の足がないおばあちゃんたちにもあるはずだ。

1日巡回して移動販売車が店舗に戻ってくるのが夕方5時頃、店舗ではピークを迎える直前の時刻である。品質が劣化していない商品はそのままの価格で、劣化してきた野菜や惣菜類は値引きして店舗で売り切った。それでも残った商品は生ゴミ処理機に入れて堆肥にした。

ビジネスモデルとして確立していると褒められたが、なんのことはない、ただのやりくりである。利益を出さなくていいと思えば、これでやれるのだ。ただし、これを個人が生業としてやるには利益を出さなくてはならない。

商品の仕入れは少ないから高くなるのは当然だし、多品種を揃えることも難しい。惣菜や刺身を売るには調理場も必要になる。残った商品を自家用として食べるのにも限界がある。ドライバーは本人がやるだろうから病気にもなれないし、人とのお付き合いも諦めざるを得ない。

致命的なのは、その地域のお客さんは減る一方で将来性がないことだ。都会の団地で見る移動販売車とはまったく異質なものなのだ。

誰がこんなことをやる？

やまとマンはやるのである。誰もやらないからやるのである。立派なヒーローだ。

「地域密着」のキャッチフレーズは生ゴミを堆肥にして土に還した頃から「地域土着」に変えた。だが本心は、常にやまとしか受けないことが多いことから「地域癒着」だと話していた。

そしてこの先、やまとがもし駄目になることがあっても、公的資金で支えざるを得ないような会社になりたいと手を合わせていた。その夢は叶わなかったが……。

移動販売車に同乗して、高齢者と直接話をするとよくわかる。お客様の生の声を聞くこと、これに勝る市場調査はない。すべての会社で不足してはいないだろうか？　アンケートだけで人の心は読めない。

「社長、年寄りは肉が好きなんだよ！　この年になれば健康なんて二の次で、食べたいものが食べられることが幸せなんだ。入れ歯だって豚カツ嚙みしめるよ」

「スーパーで高齢者向けのお惣菜なんて、私買わないよ！　味が薄くて物足りないから」

「お嫁さんと買物行っても、買うものは孫のお菓子だけ。でも、虫歯になるからってそれを迷惑がられる。だから内緒で移動販売車が来たときに買いだめするんだよ」

「年寄りはコンビニなんて行かないよ。レジに並んで小銭を出そうとすると後ろのお客に煽られるし、何よりレジの男の人が真正面に立っているのが怖いんだよ。スーパーなら違う方向を向いているからドキドキしないけど」

「この前、変な業者が野菜を売りに来たけど、箱で買わされてね。ジャガイモなんか食べきれなくて、みんな芽が出ちゃってさ。そしたらまた箱で買えって言われて、怖くて買っちゃったさ」

世の中の常識は疑ってかかったほうがいいのかもしれない。

続々と届くやまとマンへのSOS

韮崎市以外の店舗からも、お客さんの要望が届く。「自分の地域にも移動販売車を走らせてほしい」との要望である。

「市長さんに言ってください。OKなら、やまとでやります！」

やまとの店舗がある地域なら、韮崎方式で移動販売は可能だからだ。しかし、よそ者のやまとに移動販売車を買ってくれるほどの地域はない。それらの地域では、電話やファクスで注文を受けて宅配するなどのサービスを行った。ボランティアの方と組んで御用聞きも始めたところ好評だった。

また、高齢者がテレビ電話で買物ができる仕組みを導入し、全国ニュースにもなった。絶対商売にはならないのにシステムを無料で提供してくれたその社長、やまとが倒産したと聞いて遠方からすぐに飛んで来てくれた。

彼も苦労の連続だったという。命の恩人である。

こうなると「地域密着」や「高齢者支援」「空き店舗対策」を売り文句にして、玉石混淆の業者が登場してくる。

「ここに空き店舗があります。高齢者が買物に困っています。なんとかやまとさんに出店してほしい！」と、不動産業者が熱心に誘う。

「近所にスーパーもあるじゃん。これって普通のテナント探しでしょ？　お断りします」

「高齢者の買物の足代わりに弊社のタクシーを使ってほしいと思います。買った金額の中からやまとさんにキャッシュバックしますので一緒にやりましょう！」と、タクシー会社の営業も来る。

「それって、やまとは関係ないじゃん。そちらで頑張ってください」

「生ゴミの回収には頭が下がります。うちと組んで、環境のためにＮＰＯを立ち上げましょう！　こんなに補助金ももらえます」

そう言うのは、とても環境問題に関心があるとは思えない風体の男性２人組……。

「すいません、うちも手いっぱいなので……」

関わったら怖そうだ。やはり人は見た目も大切である。

頼まれたら断らないと決めてはいたが、多少大人になる必要性を感じた。やまとの名前を出せば自分たちのプラスになる。行動も起こしやすい。「あのやまとも一緒にやっている事業なら……」と思う人もいるだろう。

傲慢な考え方かもしれないが、そう感じた。

これらはすべて自分たちの利益が発端となっていて、高齢者や住民の利益が最後になっている。コンビニの跡地には適当な後釜が入るだろうし、タクシー代が負担できる高齢者はすでに買物の足として使っているはずだ。環境問題を口にするなら、駐車場に停めた黒塗りの高級車ではなくエコカーで来るべきだった。

山梨県内で一番社歴の長いやまと。

県内スーパー社長の中で一番若い自分。

普通なら老舗のトップとして背広を着てネクタイを締め、地域団体や業界団体の役にでもついていればよかったのかもしれない。キラキラとした最先端の店をつくり、店舗数や売上高を企業価値と考え、お客様に「こだわり」の名の下に「これを買うべきだ！」と言っていれば格好良かったと思う。

しかし、それができないのがやまとマンなのだ。理由は後に述べる……。

クレームの最初の窓口は社長

庶民派では駄目だ。庶民でなくちゃ。スーパーの社長が文化人づらしちゃいけない。お客さんや地域に支えられて生かしてもらっている身であることを忘れてはいけないのだ。

私の家では毎晩、やまとの特売品やお薦め品を食べた。お客さんや従業員と同じものを食べて、「これならお客さんも喜んでくれる」とか、「これは安くても喜ばない」などと考えることができるからだ。

社長自身が消費者の中に飛び出し、直接話を聞く。相手も「社長なら」とストレートに要望や苦情をぶつけてくる。耳の痛い話も多いが、参考になる意見のほうが圧倒的に多い。

それなのに、なぜ社長が出向かないのか？

理由は簡単、面倒くさいからである。または部下が忖度して、社長を表に出さないようにしているのだろう。

リスクヘッジ？　そんな単語くらい知っている。気楽なもんだ。

やまとでは「社長を出せ！」と言われると、自分が出向いた。クレーム処理など誰でも嫌なものだが、その当事者を連れて謝罪に行った。

来るはずのない社長に来られては、相手も上げた拳を下げざるを得ない。終いには仲良しになって、長いお付き合いになっていくことも多かった。

やまとのホームページには、お客様からさまざまなご意見が届いた。

お客様からのクレームは、届いたと同時にすべて私の携帯電話に転送される仕組みだった。商人のせがれゆえ、内容を見てご意見なのか苦情なのか、ただの嫌がらせなのかはだいたい察しがつくため、自分のフィルターにかけてから部下に処理を指示するようにしていた。そしてこれは、現場に届いたクレームを店舗で隠すことがないようにするためでもあった。

社長はなんでも知っているから、店舗に届いた苦情もきちんと「クレーム報告書」で報告しないと怒られる……。単純な予防策だ。

隠せば解雇、話せば不問――裏の就業規則である。

あるとき、レジ担当の若い女性従業員への苦情を執拗に送ってくる男性のお客がいた。ふつうなら、その従業員を問いただし、接客に気をつけるよう指導したに違いない。しかし、その従業員はお客さんからも評判のいいお嬢さんだった。私はその従業員を叱ることなく苦情を無視し続けた。

男からの苦情は文面も激しいものではない。複数からの苦情を装い、手も込んでいる。ピンときた私はメールのＩＰアドレスを抜いて、警察に相談することにした。その結果、苦情の主はストーカー容疑で捕まることとなる。

女性従業員に聞いたところ、「以前から付きまといや嫌がらせを感じていた」と話してくれた。従業員はその家族からお預かりした大事な宝だ。社長が会社のお父さんなら、家族を守るのは当然の義務だ。

「お客様は神様です！」とばかりは言えない昨今である。

このようにやまとでは、苦情やご意見はまず社長の知るところとなる。そして、その処理は社長が店舗に指示する。ゆえにやまとでは「お客さま係」は存在しなかったのである。

やまとばかりでロケが行われた理由

やまとではたくさんのドラマやＣＭ・映画のロケが行われた。競合スーパーの社長からは「金で誘致しているのか？」と、ずいぶん焼きもちを焼かれた。なぜか？

山梨は東京からも車で１時間半程度。道路も混まない。野次馬も少ない。日帰りのロケにはうってつけの場所である。自然も豊かだし、都会的な風景もある。テレビドラマではスーパーのシーンもよく見かけるが、スタジオセットでは物足りない……。

「そうだ山梨へ行こう！」とロケ担当者が動く。

「皆さんどうして、やまとばかりでロケをするんですか？」と、スタッフに聞いたことがある。

「山梨県のフィルムコミッションを通じて、ロケをさせてくれるスーパーを探すのですが、返事をくれるのが遅いんです。こちらは急なロケも多いし、内容によってはスーパーの名前は出さないからとお願いしても断られてしまうんです」

確かに私は依頼があれば即決でＯＫを出し、内容も聞かない。営業を一時中断しても、お客さんに納得してもらって撮影してもらう。どんな芸能人が来るのかも知らない。でも、全部受ける。ほら、頼まれたら断らないのだから。


「株価を操作するために爆破されるスーパー。実はその犯人は社長の右腕の専務」

「社長が従業員にセクハラをして、組合員に店頭で抗議活動されるスーパー」

「ゴミ屋敷に絡む殺人事件で、カギを握る女性が働いていたスーパー」

「やまとの出店で小さな商店を潰し、その家族に恨まれて殺される社長（逆だろ！）」


田舎のスーパーやまとに有名な男優さんや女優さんがいること自体、自分でも消化できなかった。たまたま居合わせたお客さんはラッキーだし、話題のない田舎町では「〇〇がやまとにいた！」とＳＮＳが沸騰する。

「自分の故郷も捨てたもんじゃない」

その言葉が出てくれれば、やまとの社長は爆破されても殺されても悔いはないのである。

「やまとでロケが行われたドラマ一覧」という特集も新聞に掲載された。ミーハーやまとマンは随所で、その映像の中に映り込んでいることを書き添えておく。

激安大盛り弁当に活路求める

やまとでは「２９８円弁当」というヒット商品があった。

業績が低迷していた愛知県のスーパーが２５０円の大盛り弁当で復活した記事を業界誌で見つけ、慌てて見に行った。どう考えても２５０円とは思えないほどの大盛り弁当にお客さんは列をなしていた。

「やまとでも売りたい」と考えた私は全種類の弁当を買い込み、１泊２日の予定を急遽日帰りにして山梨に戻った。その夜、本社に幹部と惣菜の責任者を集めて、こう言った。

「やまとでもこの２５０円の大盛り弁当を売りたい。できるか？」

「無理です！」と、居合わせた社員は口を揃えて言った。

「２９８円ならできるか？」

「それも無理です！　社長命令でも無理です！」

そもそも弁当は利益商品（定価の半分が儲け）だった。代表的な幕の内弁当やハンバーグ弁当でも価格は480円くらいが相場だろうか。

「そんなものを売ったら、もう480円の弁当は売れなくなります。利益を下げてまで、わざわざ仕事を増やすことはない。いまのままで十分です。現場が混乱します！」

「まあ、聞きたまえ諸君……」と私は話し始めた。

「その480円の弁当、10個つくって定価で売れるのはいいとこ半分。残りの5個のうち3個は2割引、1個は半額、最後の1個は廃棄処分だろ？　弁当が利益商品という常識を捨てようじゃないか。

愛知のスーパーは弁当だけで息を吹き返したんだよ、そりゃ作業は増えるだろうけど、薄利多売で売り切ったほうがお客さんも店も喜ぶ。大手スーパーに価格や店舗規模で勝てないなら、得意な分野だけでも勝負できるようにしようよ。『この価格でこんな弁当が買える！』と、お客さんをびっくりさせるんだ。いまどき、お客さんは少しばかりのことじゃ驚かない。徹底的にやるんだ。社長命令だ！」

みんなの反対を押し切って、大盛り298円弁当の販売が決定した。自分の意思を押しつけた。その結果、納得できない惣菜担当者3名が退職していった。

もう後には引けなかった。

まずはご飯の量を３００グラム以上と決めて、成人男性が食べても満足する量にした。コストを下げるため、早朝から米を自社の作業場で炊いた。１日中ご飯を容器に盛るだけの高齢者もいて、その雇用も守ることができた。

粗利益率は2割程度に設定したので、弁当のトータル原価は容器、割り箸、シールを含めて２４０円までだ。容器は一種類に統一して一番薄いものにした。

弁当1個売って50～60円の儲けになる。売れ残りは許されない。

ご飯の原価が１００円、容器や箸が20円、漬物や添え物の梅干しや海苔などが30円、メインのおかずに使える予算は１００円以下である。よくあるような、残りものを加工することは絶対許さなかった。取引業者にお願いして、販売当初はハンバーグや冷凍の豚カツ、唐揚げ用の鶏肉、焼肉用の豚肉などを格安で仕入れさせてもらった。

惣菜売場には２９８円弁当専用の平台を設置、一緒にカップの味噌汁やカップ麺、ホットドリンクを陳列し「ついで買い」を狙った。新聞広告でも大々的にアピールした。

もう、やまとには４８０円の弁当はなく、２９８円弁当10種類程度のみになった。健康を考えたこだわり弁当や女性向けのかわいい弁当なんか一つもない。普通の人たちが格安でお腹いっぱいになる弁当が山積みされているだけである。

爆発的ヒットとなった298円弁当

結果はどうだったか？

ふつうなら「思ったように売れなかった……」となるところだが、初日から売り切れの店舗が続出した。そして、日ごとに評判が評判を呼び、お昼時間には小さな店舗にもお客さんが殺到するようになった。

弁当売場からオフィスに電話して、先輩たちの注文を取っている若手社員。味噌汁だけポットに入れて、弁当をやまとで買うタクシーの運転手さん。店先にパトカーが停まり、なんのことかと心配したら弁当を買っていた若いお巡りさん。とても食べきれないと思ったら、「爺ちゃんと半分ずつ食べる」と答えたおばあちゃん。納入業者のトラックドライバーも、やまとの駐車場に集合してお弁当を食べていた。

競合他社はこの現象を「長くは続かない」と静観していたが、すぐさま後追いで298円（一部では250円）で勝負を挑んできた。しかしその中には、やまとみたいにサンマの頭としっぽが弁当パックから飛び出しているようなものは見当たらなかった。

どんな競合他社の弁当も、覚悟が違うやまとのそれとは勝負にならなかった。いわゆる「これじゃ２９８円で売れるわ」という価格だけが安い弁当ばかりで、おそらく外注商品だろう。

これではお客さんにサプライズはない。品揃えとして安い弁当は残したものの、すぐに通常の弁当に力点を戻していった。

一方、やまとの弁当は片手で持つと、ご飯の重みで斜めに入った仕切りから折れ曲がる。慌てたお客さんは、もう片方の手でそれを支える。そしてその「ずっしり重い価値」を体感するのである。

もともと私は健康志向でもグルメでもない。お客さんが欲しいものを売るのが商人だと教えられてきたし、「これを食べるべきだ！」などと売る側が強いることは嫌いだった。「腹が減ってりゃ、なんでもうまい！」とばかりに、腹いっぱいになる幸せをやまとお客さんが共有したのだ。

スーパーの利益など、お客さんにはまったく関係ない。利益はスーパー側が知恵を絞れば済むことだ。

このやまとの298円弁当、とどまることを知らず年間なんと100万食を売り上げるまでに成長する。地域の催しにも頻繁に利用され、数がまとまれば配達もした（やまとでは全店配達機能を持っていた）。

単品売上3億円、2割の儲けとしても6000万円。惣菜部の売上の3割を弁当の売上が占めた。480円の弁当を売り続けていたら、こんな気持ちにはならなかっただろう。関わる人の中に誰も悲しむ人がいないのだ。

やったからわかる。やりもしないのに批判するのは卑怯だと思う。

これだけの販売量があれば、メインのおかずの価格は圧倒的に下がる。弁当専用の食材の提案も業者から持ち込まれた。

弁当に使う野菜？　お忘れだろうか、やまとにはお客さんが持ち込んでくれた生ゴミを肥料にする仕組みがある。それを無償で提供することによって安く野菜が手に入る。曲がったキュウリも、焼けたナスも弁当に使えば優等生だ。お客さんにもそのことは告げてある。「家庭の生ゴミ仕入れます！」のキャッチコピーは嘘じゃない。

これでもかとばかりに、10食分の価格で11食買える弁当の回数券も販売した。

あるやまとの店舗のそばにできた大手の弁当専門店は、開店して半年でシャッターを閉めた。やまとが潰したんじゃない。その店が後から出てきたのがまずかった。

私は自分がされて嫌なことはしない……。やられたらやり返すだけである。

メディアにも取り上げられ、他社の視察も相次いだ。

「人のマネをしただけです」

正直に答えた。そして「これは弱者のプライベートブランドです」と胸を張った。


お客さんから「ご飯が多過ぎて食べきれない」との苦情が届いたとき、私はもっとご飯を増やすように指示した。もし、その声のとおりにご飯をコンビニ弁当のように少なめにしたら、せっかくのファンが悲しむ。

やまとの弁当は冷めてもおいしいから、レンジでチンしなくてもいいとの評判だった。もともとレンジを使うことを想定していないし、添加物の入っていない家庭のご飯は冷めてもおいしいのだから。

ただし原価の高い米は使えない。やまとの弁当のご飯は柔らかい。なぜなら水分をたっぷり吸い、おかずのタレも染み込んでいる。重さは価値なのである。

もちろん、ご飯が多過ぎるというお客様のご意見は、真摯に受け止める。すぐさま、その半分のサイズの「１５０円弁当」を開始した。

容器も半分、ご飯も半分、豚カツもハンバーグも赤いウインナーも全部半分、そして価格も半分。作業工程は変えずに済むし、新たなアイデアもいらない。ただ半分の量にするだけなので、現場も受け入れてくれた。

よく売れた。コンビニのおにぎりを買う感覚でお弁当が買えるのだ。回数券1枚で2個買える。特に女性や高齢者が飛びついた。男性は298円の弁当に追加して買っていった。会社を閉じる日まで（最後は食欲などまったくなかったが）、私の昼食は毎日この150円弁当だった。

ヴァンフォーレ甲府応援どんぶり誕生！

山梨県には全県民期待の星である「ヴァンフォーレ甲府」というJリーグチームがある。こんな人口が少ない山梨県にJリーグチームがあることは県民の誇りである。J1とJ2を行ったり来たりする、そのドキドキ感にサポーターは目が離せない。

やまとはサッカーの町・韮崎が本拠地とあって、ヴァンフォーレ甲府の創設当時からの株主であった。Jリーグになってからのにわかスポンサーではないことが私の自慢でもあった。

ある日、このヴァンフォーレ甲府にちなんだ商品を売り出せないかという企画が持ち上がった。やまとにあるのは弁当くらいだし……。

広告代理店の若手担当者と知恵を絞った。はじめは地元の食材を使った応援弁当で、売上の一部をチームに寄付する程度のものだった。一度食べればお終いだし、やまとがやることに対して周りのハードルはすでに高い。

「全然おもしろくねぇじゃん！」

駄目出しが続いたこの企画、おそらくその担当者最大のヒットとなるアイデアが持ち込まれた。

「社長、毎回変わる対戦相手の本拠地の特産品を使った弁当を売りましょう！」

「やまとには２９８円の弁当しかないんだぞ。相手が神戸のときは神戸ビーフとか入れるのか？　そしてメニューも毎回替えるのか？」

「ハイ！　キャッチコピーは『相手を食ってしまえ！』でいきましょう」

担当者は満面の笑みだった。

「おまえ、今日は帰れ！」と担当者を帰し、なんとか実現できないかをひとりで考えた。やると決めてからやり方を考えるタイプでもあった。これ以上現場の作業を増やすことはできない。スタジアムで売るわけではないので価格は低く設定できる。

しかし、２９８円で売れるのか……。対戦相手の特産品なんて手に入るのか、入っても価格が見当もつかない。でも、売りたい。

そこで弁当をどんぶりに変更した。どんぶりならご飯を入れて、その上におかずを乗せるだけで済む。ただし大盛りにしないと、お客さんは許してくれない。ヴァンフォーレ甲府を愛する熱い仲間のエネルギー源となるのだから。

特産品はどうする？　店にあるものを使えばいい。ヴァンフォーレファンのことだから洒落の一つもわかってくれるはず。静岡なら桜エビ、横浜ならシューマイ、東京なんか何を入れても特産品だ。浦和ならキムチで赤くすれば格好はつく。ネギ、イモ、こんにゃく、考え方でどうにでもなる。いける！

担当者を呼び寄せ、こんな感じでどんぶりを売り出すことを告げた。

数日後、担当者が血相を変えて飛んできた。

「社長、『対戦相手を食ってしまえ！』という表現がJリーグの理念に反すると却下されました……」

「それなら、『対戦相手の特産品を一緒に食べて共に地域を盛り上げよう！』に書き直して出せよ」

数日後、素晴らしい企画であるとJリーグからお墨付きをもらった。

10年近く続くことになる「ヴァンフォーレ甲府応援どんぶり」の誕生である！

このどんぶりに、ヴァンフォーレファンは飛びついてくれた。売上の一部を選手強化費として寄付するとしたことも相まって、どんぶりを食べてからスタジアムへ向かうことが恒例となった。チームの負けが続くと「まだ食べ方が足りない！」などと購買を促す声も上がった。勝てばまた食べ、負けても食べる。

儲けなんかほとんどなかったが、「地域土着」のやまとにとっては嬉しかった。ファンの中には、ブログでこの応援どんぶりのメニューをランク付けして評価したり、勝率を弾き出したりしている人もいた。

大分トリニータ戦のとき、メニューに行き詰まり、困った担当者が鶏の唐揚げを使ったときは、「やまとの社長、そろそろネタ切れですか？」と突っ込まれた。ただのしゃれでやっつけても許してくれる。ヴァンフォーレファンは心が広いのである。

ヴァンフォーレファンの皆さん、やまとマンは皆さんのブログやツイッター、全部見ていましたよ！　いつも褒めてくれて嬉しかった。返信はしなかったけどね。

シーズンオフにはヴァンフォーレを応援しているファンを応援しようと「ヴァンフォーレ甲府サポーター応援弁当」を販売した。これは私からの感謝の印だった。

倒産によって、ヴァンフォーレ甲府応援どんぶりも、スタジアムのやまとの小さな横断幕もなくなってしまった。大切に持っていたヴァンフォーレ甲府の株式も換金されて、破産処理に使われる。もうスタジアムには行けなくなるな……。

ポイントカードは貴重な個人情報

やまとにもご多分にもれずポイントカードなるものがあった。やまとの営業方針を支持してくれるお客さんが増えるようにと、「やまとファンクラブポイントカード」と名付けた。以前は台紙にスタンプを貼っていき、貯まったらカタログの商品と交換できるスタンプサービスを行っていた。しかし、競合他社が全店でそれを採用するに当たり、やまとにそれをやめさせることを条件にしたという。

公私共に付き合いがあったそのスタンプ会社の営業担当者は、より大きな取引を求めた結果なのだろうが、やまとに契約解除を申し出てきた。

「これじゃあ、はじめに採用したやまとはどうなるんだ！　貯めたスタンプはその大手スーパーでも引き続き使えるから、お客さんには迷惑はかからないって？　なんだその言い草は！」

私は声を荒げて抗議したが、「こっちも商売でやってますから！」と捨てぜりふを吐いて出て行った。またひとり、私の「ぶっ殺すリスト」のメンバーが増えた。

その後も、店舗から月２回放映していたローカルテレビ番組のお買得品紹介コーナーも、やまとが撤退することを条件に、そのスーパーが毎週放送するようになった。こちらはテレビ局の担当者が涙ながらに謝罪してきた。うそ泣きかどうかはわからなかったが、もう決まっていることをひっくり返すほどの広告料は払っていない。

「理不尽だな……」

悔しいけど、仕返しする術を知らなかった。

さて、そのポイントカード、一般的にスーパーなどでは税抜き２００円で1ポイント（１円）貯まるようにできている。やまとでは税込みにしたが、２万円買って１００円分のポイントだ。20万円買って２０００円、２００万円も買う人はいない。

実に０・５％の還元率という、それこそ貯まったもんじゃないサービスである。それゆえ曜日を決めて（ひまな日に）、2倍、3倍、5倍、ときには10倍とやり合う。

やまとでは生ゴミを捨てると5ポイント（5円）、レジ袋を辞退すれば2ポイント（２円）、不要になったレジ袋を持ち込めば1枚1ポイント（１円）と、簡単に言えばやまとに来るだけで毎回10円くらい得するようにした。加えて曜日別に何倍かのポイントをつけたので、最終的な還元率は１・５％を超えた。

ポイントカードの管理には多額の費用がかかる。カードそのもののコストが70〜80円（やまとでは初回無料配布）、カードの読み取り機やレジのオプション機能の費用、顧客データ管理費用、それを営業戦略に使うスタッフの人件費などである。

いまだから言うが、やまとではこのポイントカード、ただ単にポイントをプレゼントするだけのもので、個人情報の管理やそれを使ったダイレクトメールなどには使っていなかった。コストがかからなければその分お客さんに還元できるし、そもそもやまとにはそのデータを分析できるスタッフもノウハウもない。

ときどき「やまとから個人情報が漏れて変なハガキが届くようになった」と苦情をいただいたが、それは間違っている。入力していない住所氏名が漏れることはない。

ポイントカードについて、ずっと感じていたことがある。

「これ、ばっちり管理したら、お客さんの食生活の内容や消費金額が丸わかりだな……」

たとえば、こうだ。

「○○町△△番地に住んでいる□人家族の◎◎さんは、うちの店で月に○○○円買っている。平均的な食品支出は××円だから、○○円はほかのスーパーに流れているぞ。来店回数も買上げ点数も減っている。定期的に買っていたビールも粉ミルクも最近は買っていない。週末にも来ていないじゃないか。こりゃなんとかしなきゃいかん！　菓子折り持って『なぜ最近うちの店に来ないのか？』を聞いてこい！」

これだけの詳細なビッグデータを、わずか0・5％の謝礼で蓄積できてしまうのだ。その町、ましてや全県・全国をカバーするスーパーがシェアに応じて個々の家庭の詳細なデータを手にするのだ。

ひょっとしたら、国勢調査より正確な実態を把握している。業界関係者に言わせれば、それを営業戦略の柱として広告に反映させたり、イベントを企画したり、ダイレクトメールで誘客したりするのは当然のことだろう。

「お客さんも承知している！」と彼らは言う。本当に納得しているのだろうか……。

それなら、なぜポイントカードの申込書にあんなに小さい字で「お客様の情報を今後の販売活動に活用させていただきます」と書くのか？　はたまた「お客様の情報を信頼できる取引業者と共有する場合があります」の文言を追加するだけのために申込書を取り直したり、ポイントカードを交換したりするのだろうか？

A社の粉ミルクを買っていたのに、急にB社に乗り換えた。その家庭には「A社の製品を買えば、ポイント○倍差し上げます！」のダイレクトメールが届く。

「お子さんのご入学おめでとうございます。ランドセルは〇〇社製のものをお勧めします。お祝いポイント〇倍プレゼントします！」というのもある。

個人情報が価値を持つのだ。

カード申込書に書かれた「取引業者と情報を共有する」という文言の下、個人情報が売買されている。もちろん商品を売り込みたいメーカーは見込み客のデータを入手する際、「個人情報購入金」などという領収証は切れないので、代わりにダイレクトメールのハガキや切手代、販促協力金、または現物商品をスーパーに差し入れる。これなら個人情報保護法も公正取引委員会も手は出せない。

少なくともやまとには「弁当を買っているお客さんのデータを買いたい」と言ってきた飲料メーカーがあった。けっこうな金額だったことを覚えている。

考え過ぎだって？　「取引業者会」や「スーパー〇〇協力会」がなかった（その価値もなかった）おまえのやきもちだって？

そうかもしれない。また「月夜の晩ばかりではないぞ」と脅されそうだ……。

第5章 夢の街への出店で、見えたもの学んだこと

甲府への新規出店を伝えた折り込みチラシ

夢の街からの出店要請

2012年、ちょうどやまとが100周年を迎える頃、「甲府の中心街に店を出してほしい」という依頼が舞い込んだ。日本全国で郊外に商業施設や生活拠点が移動し、いわゆる中心街が寂れてしまっていることは周知の事実である。

山梨県の県都である甲府の若手経営者たちが「このままでは街が寂しくなる一方だから、やまとに力を貸してほしい」とお願いに来た。

「中心街で残っていたスーパーも閉店してしまい、近隣のお年寄りたちが買物に困っている。やまとなら、それを救うことができる」

また「殺し文句」が出てきた。

「やまとは隣町の韮崎の会社だ。甲府の中心街を救うのは、甲府のお客さんに支えてもらった甲府のスーパーがやるべきではないか！」と私は断った。

その甲府のスーパーでさえ撤退してしまったすぐ後の話でもあったし、おまけに対立する暴力団どうしの抗争で発砲事件があり、とてもそこへ出店など考える余地はなかった。

若手経営者たちは連日にわたって私を「口説き」にかかった。ファミレスの長テーブルの一番隅に私を座らせ、「店を出すと言ってくれるまで帰しません！」と迫る。将棋で言う「穴熊」の位置にいるやまとマンは逃げられない。「好きなだけ飲め」と言われてもファミレスのドリンクバー、接待費用は２００円だ。いや、クーポンを見たから、それ以下かもしれない。

私がまだ小さい頃、甲府の中心街はまさに「夢の街」だった。

やまと創業者である祖父の牛蔵に連れられ、月に一度はそこを訪れた。デパートがあり、商店街には屋根（アーケード）があり、昼間なのに人がたくさん歩いていて、おもちゃ屋もレストランもある。同い年くらいの男の子は寒くても半ズボンだった。

祖父は私を着物屋に連れて行く。そのときには、子ども心に「きれいなおばちゃんだな」と感心するような女性と合流してうなぎを食べさせてくれた。井伏鱒二の小説にも登場する老舗のうなぎ屋だ。「食べやすいように、うな重をどんぶりに入れてやってくれ」と祖父は頼む。

世の中にこんなおいしいものがあるのか！　衝撃以外のなにものでもなかった。祖父はうなぎ屋に幼い私を残し、そのきれいなおばちゃんと消えていく。聞き分けのいい私は祖父の帰りをじっと待ち、アリバイ工作に加担した。

そのほかにも、洋食屋でビーフシチューなるものを初めて食べて、噛まなくても口の中で溶けていく牛肉の虜になる。ポークソテーをナイフとフォークで食べづらそうにしている私を見て、「箸をくれ」と頼んでくれた。急に席を立ち調理場に入り込み、「今日の料理は特別おいしいから板前にチップをやってきた」と笑う祖父。粋なおじいちゃんだった。

生クリームが乗ったプリンアラモードを初めて食べたのも甲府のレストランだった。ネタよりシャリのほうが小さい寿司を見たのも、ハンバーガーやシェイクやフライドチキンを初めて食べたのも甲府である。

映画を初めて見たのも甲府だし、初めて迷子になったのも甲府駅だ。立派なテレビ局（後に娘がお世話になる）や大きな野球場や県庁（後に自分が4年間通うことになる）、動物園もあるし、プラネタリウムも遊園地もある。初めてのデートも甲府だった。

郊外のショッピングモールなんかじゃない！　甲府の中心街で夜を過ごすことが成功者のステイタスだったし、私が大人になった頃でも敷居は高かった。田舎育ちの自分ばかりではなく、甲府は山梨県民の「夢の街」だったのである。

いま、その夢の街が困っている……。当時の甲府市副市長（この人物も県外出身者、いわゆるよそ者）もやまとを訪れ、出店を懇願した。絶対に商売にならないことはわかっている。発砲事件も終息の目途は立たない。そもそも甲府の中心街に野良犬やまとの看板が立てば、古くからの「旦那衆」はおもしろくないはずだし、社内も乗り気ではなかった。

請われて出店したものの……

「頼まれたら、選挙以外は断らない」、これが私のモットー。やまと甲府銀座店の開店である。

やまと100周年記念事業として、甲府市中心街の銀座通り商店街に出店した。祖父がお世話になった、そして自分の憧れだった場所にやまとの看板を掲げるのだ。

甲府市副市長、甲府市中心商店街の会長、そして私の3人で記者会見を開いた。燦然とそびえ、野良犬であろう自分を威圧するような甲府商工会議所の会議室、メディアもまた加熱していた。

やまとが火中の栗を拾う。甲府市中心街への想いと、出店までの経緯を話した。

後日、商工会議所の職員から、こんなアドバイスを受けた。

「甲府の街に看板を掲げるなら、この3人にだけはあいさつしておいたほうがいいですよ」

おかしな話である。やまとは誘致されたはずなのに、「重鎮たち」にお見知りおきいただかないと出店が叶わないという。これじゃあ、やまとでなくても出店しようとする店が出てくるはずがない。

「請われてこそ行く」という、いままでの破綻スーパーの再生出店とは違った。

長いアーケードの商店街の中に、空き店舗はたくさんあった。店舗物件は若手経営者と私で探し回った。

空き店舗に出店する際の補助金もあったが、私はあえてもらわなかった。「やまとは補助金目当てで出店した」とあちらこちらで言われたが、事実と異なる。

大切な税金でもあるし、補助金頼みの甲府市のまちづくりにも一石を投じたいと考え、びた一文受け取らなかった。そして、補助金目当ての出店や補助金頼みの行政に見本を見せて、ビシッと言ってやろうと誓った。

不動産屋と会い、空き店舗のオーナーと交渉し、以前は旅行代理店、その前はブティックだった小さな店舗を借りた。家賃は特に安いとは思わなかった。中古の冷蔵ケースやアイスのケース、ほかの店で余った陳列台を設置した。

作業場は取れなかったので、惣菜や鮮魚・精肉等の生鮮食品は一番近くのやまとの店舗からシャトル便の軽トラックで運ぶことにした。近くに、古くから付き合いのある卸問屋が経営する鮮魚店があったので、やまとでは鮮魚は売らないことも決めていた。しかし、

料金受取人払郵便

神田局
承認
7373

差出有効期間
令和３年７月
31日まで

郵便はがき

101-8796

511

（受取人）
東京都千代田区
神田神保町1－41

同文舘出版株式会社
愛読者係行

毎度ご愛読をいただき厚く御礼申し上げます。お客様より収集させていただいた個人情報は、出版企画の参考にさせていただきます。厳重に管理し、お客様の承諾を得た範囲を超えて使用いたしません。

図書目録希望　　有　　無

フリガナ お名前		性　別 男・女	年　齢 才
ご住所	〒 TEL（　　）　　Eメール		
ご職業	1.会社員　2.団体職員　3.公務員　4.自営　5.自由業　6.教師　7.学生 8.主婦　9.その他（　　）		
勤務先分類	1.建設　2.製造　3.小売　4.銀行・各種金融　5.証券　6.保険　7.不動産　8.運輸・倉庫 9.情報・通信　10.サービス　11.官公庁　12.農林水産　13.その他（　　）		
職種	1.労務　2.人事　3.庶務　4.秘書　5.経理　6.調査　7.企画　8.技術 9.生産管理　10.製造　11.宣伝　12.営業販売　13.その他（　　）		

愛読者カード

書名

◆ お買上げいただいた日　　　　　　年　　　月　　　日頃

◆ お買上げいただいた書店名　　（　　　　　　　　　　　　　　）

◆ よく読まれる新聞・雑誌　　（　　　　　　　　　　　　　　）

◆ 本書をなにでお知りになりましたか。

1．新聞・雑誌の広告・書評で　（紙・誌名　　　　　　　　　　）

2．書店で見て　3．会社・学校のテキスト　4．人のすすめで

5．図書目録を見て　6．その他（　　　　　　　　　　　　　　）

◆ 本書に対するご意見

◆ ご感想

●内容	良い	普通	不満	その他(　　　　　　)
●価格	安い	普通	高い	その他(　　　　　　)
●装丁	良い	普通	悪い	その他(　　　　　　)

◆ どんなテーマの出版をご希望ですか

年配の社長が泣きついて来た。

「うちの魚屋もやってくれないか？　従業員も設備も引き継いでほしい」

赤字が続いていたのだろう。やまとの出店は願ったり叶ったりの口実となった。

私は小さな一店舗では十分な品揃えができないことも考え合わせ、その店舗も引き継ぐことに決めた。急遽1号店のレイアウトをすべて変更して、2店舗ですべてが揃うように、やまとだけでなく商店街を回遊してもらうように切り替えた。

その結果、2週間の時差はあったものの、やまと甲府銀座店その①・その②として2店舗が開店することとなった。

やまとの開店日、高齢者を中心にたくさんのお客さんの笑顔が集まった。

「ここは鉄砲で撃たれて怖いところだから気をつけろって言われたよ」

「ばあちゃん大丈夫だよ、スーパーが出るんだからもう怖くないよ！」

やまと自慢の298円弁当も山積みとなり、お昼には近隣の人が列をなした。

「やまとが出てからうちの売上が減った」

近所の飲食店から文句が出る。誘致されて、自腹で店を出してもこのざまである。

「以前は人通りもなく静かだったのに、やまとが出てから人が増えて置き引きが発生した！　どうしてくれる？」

「商店街で葬式が出た。帳場に座れ」

うちはただのテナントなのに、それでも葬式には私が行った。

どうすれば納得してくれるのかわからなかった。やっぱり歓迎されていないと、すぐに実感した。それでもいったん上げた拳である。なんとか商店街を盛り上げなければならない。

週に一度のチラシ広告に、商店街の店舗の特売も載せるようにした。もちろん無料である。その結果、複数社の広告チラシとみなされ、新聞折込料が割り増しになった。

ローカルFM局で毎週、中心街の店舗とスタジオをつないでお買得情報も流した。元日に一斉に休んでいる商店街を見て、元日営業して福袋を売ったりもした。

元日から店を開けている私に向かって「やっぱり儲かっているところは違うわね！」と近隣店舗の女性から嫌味（?）も言われた。

「これからどこに行くんですか?」と聞いたら、そのご婦人「商売繁盛のお参りに行くのよ」ときた。悪気はないようだった。元日に店を開けたやまとを見て、そばの紳士服店も午後から店を開けてくれた。

「やまとさんだけにやらせちゃいけない！」

嬉しかった。それだけで満足である。その店の名前は「満足屋」だった。

やまと流・地域活性化策

さて、華々しく開店したやまと甲府銀座店２店舗だが、売れ行きは芳しくなかった。私はまた自分の給料を下げて、家賃を補填していた。収支トントンなら喜んでくれる人がいるだけでも出店する価値はある。

だが、「中心街活性化の起爆剤」と誘致されたわりには、甲府市も商店街連盟も何も気にかける様子はなかった。口は悪いが「勝手にやってろ状態」である。仲間の若手経営者たちも近隣の空き店舗に出店したり、そのほかの若者も飲食店を出店したりと、「やまとが出るなら後に続け」とばかりやる気を出していたのに……。

甲府市長も一度も店に来たことはないし、すぐ近くにある市役所の職員も弁当は家から持参する。いま思い返しても「ありがとう！」と言える仲間は片手の指で余る。

しかし、お楽しみはこれからだ！

「おもしろき　こともなき世を　おもしろく」とは幕末の志士、高杉晋作が詠んだ歌の一部だが、人をあてにしていては何も変わらない。すべては自分次第であると腹を決め、商店街に人を呼び込む作戦を開始するのだった。

甲府の中心街には、寂れた（失礼）小さな映画館が二つあった。私が祖父に連れられて行った、思い出の映画館がそのまま残っていた。その映画館の火を消すなと映画好きの人たちが「やまなし映画祭」なるものを開催していた。

その映画祭が終了してしまうという新聞記事を読み、「俺の出番がきた！」と感じた私はその継続に名乗りを上げた。甲府市からも補助金が出ていたが、それでは到底足りるはずもない。やまとに映画祭を横取りされたと文句しか言わない以前からのスタッフと縁を切り、仲間を募り、自分のやりたいようにやった。仮面ライダーの俳優さんに来てもらったり、山梨出身の有名監督や出演女優にもご登場願った。

もちろん参加者は無料で何本かの映画を「夢の街」で堪能することができた。「これで飲み物を買ってください！」とお客さん全員に１００円玉を渡したり、商店街の協力を得て、割引クーポンを配ったりした。

山本五十六の映画に高齢者が集まったとき、初めのあいさつで私が「これから戦艦大和が沈む映画を上映します。提供はやまとです！」と受けを狙ったが見事にすべり、「早く観せろ！」と叱られた。映画祭はやまとが甲府の中心街にあった5年間継続された後、店の撤退と共に終了となった。

また私は音楽が好きで、幼少の頃からよくレコードを聴き、学生時代はバンドでギターを弾いていた。ライブにもよく出かけ、山梨のオヤジ世代の中では指折りのロックファンを自負していた。

甲府の中心街には「桜座」というモダンで粋なライブハウスがある。

私はそこを借り切って「山梨オヤジロックフェスティバル」を開催した。同年代のロックオヤジたちに集まってもらい、それぞれの得意曲を披露してもらう。

けっこう本格的なテクニックを持ち、プロ顔負けの彼らは自分たちが演奏する場を求めていた。会場費や食費（もちろん２９８円弁当）、宣伝広告はやまとが担い、集客と演奏は彼らの担当だった。

強制的に来場させられたファンたち（親戚縁者？）で会場は埋め尽くされ、イベントは成功を収めた。中心街に来た人は駐車場に車を停め、ライブの後には街へ繰り出して飲食をしてお金を落としてくれた。

もちろん補助金などもらってはいない。ロックに「補助金」は似合わない。経済効果など調べる由もないが、街の疑わしい買物客数調査よりずっと立派な地域活性化策だと思った。こっちは自腹、何も言われる筋合いはない。

その次の年は、かの「ＱＵＥＥＮ」のトリビュートバンド「ＱＵＥＥＮＥＳＳ」に来てもらい、会場を満タンにした。いまや全国区となった彼らの活躍を見るたび、「また来てほしい」とお願いしたにもかかわらず、約束を守れなくなったいまの自分が悔しい……。

約束を守らないのはロックじゃない。


ほかにも、地元の有名な観光カリスマでもある人物と2人でトークイベントを開いたこともあった。

私よりひと回り年上の人なのだが、お互い口の利き方があまり良くない。思っていることは全部話さないと寝つきが悪いのだ。甲府の悪口を2人で言いたい放題、質疑応答もせずさっさと逃げる甲府市民ではない2人……。

彼はスーパーマン、私はやまとマンのTシャツを着てしゃべった。

桜座は満員となり、メディアはもちろん、大学教授や政治家、行政マン、学生、高齢者、障がいを持った方々などで会場はあふれていた。もちろん入場は無料、何か飲み物を注文することだけをお願いした。

実はそのスーパーマンが経営する山梨県清里高原のシンボルとも言える、全国的にも有名なレストラン「ROCK」が、最盛期の夏休みに火事で全焼するという不幸に見舞われてしまう。彼は私の目標とする人物で、その生き方に憧れていた。住まいも甲府ではない田舎者どうしで馬が合い、「俺はあんたほど敵はいない」と、お互いがいつも刺激し合っていた。

彼の窮状を救おうと、すぐさま有志で募金活動が始まった。まだ鎮火する前にである。私も発起人に名を連ね、周りの協力を募った。いま、立場は違えど自分が同じ窮状に立たされたとき、いの一番に動いてくれたのは、そのスーパーマンだった。

「振り子が返る」とはこのことだった。いま私が生きていられるのは彼のおかげである。苦しくても死んじゃいけないのだ。

「大丈夫！　心配ない！　なんとかなる！」

これは、一休さんの名言である。

もう一度、彼と2人で元気に話す姿を皆さんに見てもらいたい。

タイトルは「燃える男（全焼）と沈んだ男（やまと）の尽きない話」。

商店街で商売をするとは

やまとの売上に貢献しようと仲間が集まり、アーケードの下で各自が持ち込んだベンチ・椅子を使い、飲食の商品はすべてやまとで買って参加するという「やまとファンの集い」も3回開かれた。もちろん後片づけも自分たちでする。毎回100人を超える参加者で盛り上がり、これもメディアで紹介された。

普段は甲府の中心街など訪れることもない学生や、わざわざ電車に乗ってやってくる高齢者など、色街を備えるいわゆる淫靡な場所には完全にそぐわない人々がその通りを埋め尽くした。たまたま通りかかった通勤帰りの人や飲み会に向かう見ず知らずの人までをも巻き込んだ。

近所の飲食店からはやまとマンのおごりで、名物のうどんや稲荷寿しを振る舞い、騒ぎのご迷惑に対するヘッジもした。「フレー、フレー、やまと!」の高校生の応援団のエールが、この商店街に響くことはかつてなかったはずである。

しかし、補助金も使わず、活性化を期待して行った数々の催しも近隣の方々にとってはどうやら迷惑なものだったらしい。少なくとも自分はそう感じた。毎年恒例の露店商が軒を連ねるお祭りならいざ知らず、「よそ者」やまとが好き放題に新しいことを始めている。やまとにお客が集まっても、自分の店の売上は増えないどころか減っている。

痩せても枯れても甲府銀座商店街、自力でなんとかなるはずだ!

いや、なんともならないのである。

もちろん、商店街の中には駐車場料金を払ってでも行きたいと思わせる飲食店や専門店、本屋、カフェもある。しかし、過去の栄光にしがみつき、「夢よもう一度」と会議ばかりしている場所に復活はない。

私を商店街活性化の審議委員に選んでも、結論が決まっている会議では時間のムダだった。ただ最後にひと笑いさせて、時間どおりに終わらせた功績は評価に値するだろう。

行政は空き店舗に出店すれば、簡単に補助金を出す。鉛筆を少し舐めれば千万単位の補助金を手にできる「補助金ゴロ」も現れる。行政は補助金を出した店の「その後」を公表できるのか？　それでも価値のある活性化補助だと胸が張れるのだろうか？

自分たちの行動が間違っていないことを証明するための後付け会議、すでに決まっていることに理屈を付けたいがための専門家会議では何も変わらない。やまとの出店と共に近くに出店した店も、次第にその商店街から消えていった。

しかし、その商店街で、商売で生計を立てながら、そこの2階に住んでいる経営者はやはり違う。やまとの出店により増えた、いままで来なかったお客さんの取り込みにも一生懸命だった。〝覚悟〟が違うのだ。ここで稼がなければ生きていけないという危機感は、やまとも同じだ。この人たちとなら同じ船に乗れる。

商店街には住まず、子どもたちはほかで働き、店舗物件だけを保有して賃料はお小遣い、こんな悠々自適のオーナーは家賃を下げるはずもない。店舗が空いていようがお構いなしだ。覚悟を決めて出店した若者の店への家賃補助、結局その金はオーナーの懐に消えていくのだ。

開店して3年目、やまとは二つあった店舗のうち家賃の高いほうの店を閉め、もう一つの店舗に売場を集約した。売上は当然減ったが経費が下がったため維持するには十分な内容になった。

残した店はお祭りのときには通行客にトイレを解放し、事務所はイベントに呼ばれたお笑い芸人さんの控え室にも使った。祭りの露店商が流れる水槽の電源をやまとから取っていて電気量が跳ね上がったときも文句は言わなかった。街のため、商店街のためだから。

A社による巨大モール増床計画の見返り

その頃、郊外にあった巨大ショッピングモールの増床の是非を巡って山梨県、甲府市、そしてその影響をまた受けることになる甲府の中心街の間で激しい攻防が続いていた。モールの開業以降、県内の小売業は顧客を奪われ続けていた。

巨大な商業施設の中にはキラキラした店舗がこれでもかと並ぶ。テレビCMや雑誌で見るだけだった店がそこにある。最新の映画も指定席で観られる。インスタ映えするレストランやカフェのメニューだって、なんでもある。都会がそこにある！

おまけに駐車場は無料、甲府駅からのシャトルバスもある。誰だって行きたくなるに決まっている。

主役は消費者である。お客さんが欲している店が法律に基づいて増床することを阻止することなど、誰もできない。出店や増床を阻止できた法律（大規模小売店舗法）はすでに過去の遺物だ。

山梨県も甲府市もいたずらに妨害して民間企業の自由な競争に口を挟んだら、最後には行政訴訟を起こされて認めざるを得ないだろう。首長も自分の支持母体に利害関係者がいても「自分の力が及ばず……」と流しておけば、次の選挙の当落は別にしても、そのときは乗りきれる。

そもそも郊外のショッピングモールが出店する前から、甲府市中心街を訪れる買物客は毎年減り続けていた。デパートの城下町として栄華を極めた過去にしがみつき、競合業種の出店を握りつぶしてきたツケは回ってくる。

消費者もそのことは知っている。「自分たちは努力もしないのに、何かできるとなればすぐに反対する！」と言われても仕方がない。

もちろん努力はしているのだろうが、反対運動のほうが目立ってしまう。（微々たる）政治力を駆使し、やまとを初めとする「今度こそ起爆剤」をドミノのように誘致する。「中心街活性化」の名の下、何十億円と投下された補助金も効果はない。郊外のショッピングモール増床計画は、「それを望む消費者VS阻止したい中心街の商店主」となった。

その背後には、ものを言えない行政、他人事と傍観する影響のない地域の商業関係者がいた。

「地域密着」を標榜するそのショッピングモールも、中央突破して増床しても構わなかったが、そこは大人になって中心商店街と話し合いを持つことにしたようだ。

甲府市中心街には、50億円もの補助金を使って人口増と活性化目的で建てられたマンションがあり、その中にあったスーパーが売上の低迷によって撤退していた。

そのこともあってやまとはその近くに誘致されたわけだが、モール側はそこに「スーパーを出店する」と言う。加えて経営コンサルタントを派遣し、「一緒に商店街を活性化する」とまで申し出た。

そして「このことはモールの増床計画とは関係ない」と。すでにその時点で自分たちの出店や増床計画が影響を与えたと認めていることになるのだが……。

ここまで敵に塩を送られては、いままで「モールから金を取ってやる！」とか、「反対してりゃ先延ばしできる！」と吠えていた商店街の長も反論はできまい。ここまでしてくれるのに反対したら、それこそ中心商店街のイメージは地に堕ちる。

「このスーパーの出店と大企業のノウハウをいただいて、活性化の起爆剤としたい！」と長はインタビューに答えていた。

新たな起爆剤登場でお払い箱に

この起爆剤の登場により、やまとはお払い箱となった。

自分が子どもの頃から憧れ、「いつかこの街で商売をしてみたい」「田舎とは違う目の肥えたお客さんに認めてもらいたい」という思いは、こうして時代の流れに飲み込まれた。

私はこのスーパー出店と同時に、５年間身を削って維持した「やまと甲府銀座店」を閉じることに決めた。やまとより大きな売場を持つ立派なスーパーが近くにできれば、お客さんはもう買物に困らない。お客さんには私の思いなど関係ないし、慮る必要もない。

6年前、やまとを熱心に誘致してくれた甲府市、中心商店街、若手経営者の三者から、この件についてなんの連絡も動きもなかった。

「一番苦しかったときに手を貸してくれたやまとのことも、少しは考えてやれ！」

自分からこうは言いづらいことだ。

私はこの三者宛てに公開質問状を出した。甲府市長にも会いに行った。

市長は「やまとに出て行かれては困る」と言ってくれた。しかし、その先は続かなかった。後日、味気ない質問状の回答が届いた。敬語が多くて意味不明な内容だった。

商店街連盟と若手経営者の会からは返事はこなかった。

「やまと、ありがとう！」

このひと言だけでいいから、聞きたかった。

後になって、商店街の買物客調査やモールでのイベント出店に若手経営者たちが絡んでいたこと、空き店舗の多い商店街にスーパーを誘致して点在させ、回遊性を高めることをビジネスモデルとして売り込もうとしていた人がいたことを知ったときは悲しかった。

でも、もう過ぎたことである。

有能な行政マンなら、撤退する店舗に対する損失補てんの補助金を「福祉目的」で出してくれるかもしれない。補助金とは、生前のお香典なのである。

「駄目なことはわかっているが、死んでしまってはこちらも困る。これでなんとか生き延びてくれ！　後のことはまたそのときの担当者が考えるから」ということなのだ。

溺れている人がいる。必死に人工呼吸を施す。もう息がないことはわかっている。でも「まだ息があるぞ！」と人工呼吸を繰り返す。手遅れなのは知っている。周りで心配そうに見ている人も薄々感じている。この人工呼吸こそが「補助金」ではないだろうか。

本来、補助金はワクチンや栄養ドリンクであるべきだ。誤解なら謝る。

A社の中心街スーパーのその後

２０２０年、めでたく大規模増床を遂げたA社は甲府市中心街にしつらえたスーパーを撤退すると発表した。

言わんこっちゃない、である。他の県でも同じ事例があると聞いていた。

スーパー開店当時、A社は記者会見で「この商店街への出店は、モールの増床とは関係ありません」と執拗に言っていた。その時点で、増床達成の折には撤退もあり得ると考えるのがふつうだろう。

当時私はこのことを甲府市長に忠言した。

「やまとなんかよりずっといいスーパーが出てくれるのだから、お客さんにとっては喜ばしいことです。でも、簡単に撤退しないように約束手形を取ったほうがいいですよ。そしてもうこれ以上、中心街活性化の名目で無駄な補助金（税金）を出してはダメです！」

「それより、やまとに出ていかれては困るよ」と困惑する市長。

「こんな状況でやっても潰されるだけです！　丸6年も補助金なしで高齢者や近隣住民のニーズに応えたんですから、もういいでしょう」と私が返す。

「いや、困る困る」

会話は続かなかった。

市長には、次の起爆剤であるスーパーの売上分析や客数の予想、撤退の可能性や時期を書き記した資料を渡した。この程度のことは、レジの台数と牛乳や豆腐の陳列数、値引きシールの枚数を見ればすぐにわかる。


そして予想は現実となった。開店以降、ポツポツと他のテナントが撤退していったが、丸4年をもって完全に撤退することになった。

A社は「売り場面積が狭く、惣菜など十分な陳列ができず採算に合わないので撤退する」と発表した。店舗面積や売上は出店前に十分検討したはずじゃないのか？

もちろん商店街との共同販促やポイントカードなど実施されるはずもなく、歴史と伝統ある山梨県でいちばんの商店街はハシゴを外され困惑した。

「次のテナント誘致には協力します」とA社は答えていたが、それも期待はできまい。

「出店とのバーターで増床を認めてやったのに俺たちを騙したのか！」

商店街の長は、鬼の形相でインタビューに答えていた。開店のテープカットにまで招待された市長も「早く次のテナントが決まってほしい」と困惑顔で答えるのが精いっぱい。

おいおい、隣町のモールの増床計画に、甲府の中心商店街がいちゃもんをつけることだけでも県民は不審がっているのに、裏でそんな密約があったなんて聞いてないぞ。出店時にはこぞって好意的に取り上げたメディアも、A社の変わり身の早さを問題視したが、A社の主張は変わらない。

「売り場が狭くて採算が取れない。中心街への出店とモールの増床とはなんの関係もないと言ったはずだ！」

詰将棋で言えば簡単な「三手詰み」レベルの話だ。

お客さんは歓迎している。増床後はそのパワーを十二分に発揮し、近隣道路はいままでにも増して渋滞するほどの活況を呈している。よくある話かもしれないが、客を奪われた（と考える）商店主にとっては生死に関わる問題でもある。

巨大ショッピングモールは、住民の暮らしを便利で快適なものにしてくれる。出店者は街の発展に寄与することを目的に、法律に基づいて開発を進める。そのことを逆恨みする既存商店街の反発は同じ立場として理解できるが、消費者の理解は得られない。

その結果、店をたたむ（または潰れる）人がたくさん発生するのも事実だ。自治体はさらなる増床計画も想定しておいたほうが賢明である。

できるものなら、その大企業の社長に聞いてみたい。

「あなたの最終的な望みはなんですか？　そして幸せですか？」

寂れていく中心街

どこの地方都市でも、駅前の商店街は郊外の大型商業施設にお客を奪われている。正確には「奪われている」のではなく、「流れてしまっている」のだろう。広大な無料駐車場があり、すべての買物が一カ所で済み、食事もお茶もできて最新の映画も観られる。託児所や病院もあり、イベントだって盛りだくさん。そりゃ、みんな行くに決まっている。
コンサルタントの言う「変われる者だけが生き残れる」を具体化するなら、既存の店を閉めてそのモールのテナントとして入店したり、ナンバーワンよりオンリーワンを目指して独自の商品を開発したり、接客やおもてなしを県内一に磨いたり、ＳＮＳで毎日情報発信して固定客に自ら働きかける、こんな感じかもしれない。

人気ショッピングモールのテナント契約条件の厳しさをご存じだろうか？　コンビニのそれと並び、売上が期待外れだったときはまさに「即死」である。守秘義務があるので簡単に漏れることはないが、私の知る限り大家にものを言えるテナントはいない。
ショッピングモールのテナント入れ替えのポスターを見るたび、経営者のこれからを考えてしまう。後継には大体モールの息のかかったテナントが入る。おそらく前より安い家賃で……。

ナンバーワンになれない言い訳でオンリーワンを目指すのは筋違いだが、オンリーワンはそう簡単に生まれるものではない。１００年以上やっていたやまとでさえ、２９８円弁当、ヴァンフォーレ甲府応援どんぶり、生ゴミ処理機、破綻スーパーへの居抜き出店、この程度である。〇〇セレクション受賞も宮内庁御用達商品もない。歴史が長く、常連さんが多かったことだけが「財産」だったのかもしれない。歴史の長さだけなら日本中にいくらでも上がいるが……。

山梨全県を例にあげても信玄餅、よっちゃんイカ、奥藤の鳥もつ煮、韮崎ならうさぎやの大福、みどりや食堂のラーメン、八嶋のうなぎ、隣町ならひまわり市場店長のマイクパフォーマンス、この程度しか浮かんでこない。これらの店は真のオンリーワンなので潰れることはない。

さて、山梨の県庁所在地でもあるJR甲府駅前で65年も営業していた老舗百貨店も、売上不振を理由に2019年9月に閉店することになってしまった。跡地には大手カメラチェーン店が入店するとのこと。甲府に憧れて育った私にとって、さみしい知らせだった。

地方百貨店が倒産、あるいは閉店するニュースを最近よく目にする。このデパートもかつてはとても賑わい、その閉店を知った馴染みのお客さんたちの惜別の声がメディアで紹介された。

「小さい頃から屋上遊園地で遊ぶのが楽しみでした」

「お子様ランチの味が忘れられない」

「閉店と聞いて久しぶりに訪れました」
「潰れるのを惜しむなら、もっと買物に行ってやればよかったのに！」といつも考えてしまうのは、商家に育った私の性格の悪さである。

閉店日の夜、閉まっていくシャッターを前に深々と頭を下げる従業員。その前で涙しながら手を振る馴染みのお客さんたち……。ありがちな光景だが、シャッターの内側で生きてきた私にとっては、見たくない風景でもある。

ふつうならその中央に社長が立ち、お礼の言葉を述べるのだが、ニュースの画面に社長の姿はなかった。「やっぱり大会社は社長をそんな場面には出さないのだろう」と思っていた。

しかし閉店の後、時をおかずしてその社長の訃報を目にすることとなる。体調が悪く、デパートの閉店に立ち会えなかったのだろう。まだ70代半ばとお若い社長であった。現役社長がその最期に自分の店を閉じる様を見ることとは、断腸の思いであったと察する。

その社長は、やまとが甲府市中心街に誘致されたとき、商工会議所のスタッフに「甲府で商売するならあいさつに行っておいたほうがいい」と囁かれた重鎮のひとりである。

デパートの社長室を恐る恐る訪ね「初めまして、やまとと申します。今度ご縁あって中心街で商売をさせてもらうことになりました。大人しくやりますので、どうぞよろしくお願いします」と話し終わるやいなや、「おう聞いたぞ、よく甲府に来てくれたな。甲府の連中は口ばっかりでいけねぇ。君がやることは全面的に応援するから遠慮しないでバンバンやれ！」。

サッパリした男っぷりのいい社長だった。

「それじゃ好きにやらせてもらいます！」と社長室を後にした思い出が蘇る。

いまの甲府にこんな気骨のある経営者が残っているだろうか……。商人の最期ってこんなものなのか……。考えることは多い。あらためてご冥福をお祈りする。

第6章

やまと航海、終わりの始まり

やまと一号店　昭和40年頃の様子

おんぶ日傘ながら不憫な幼少期

なぜいつも私がこのように考え、行動に移すのか？

負けず嫌いに加え、少しばかりの責任感からくるものなのか。もともとサービス精神が旺盛な商家の跡取り息子だったのは間違いないが、その理由は幼少期から青春期の家庭環境、そして弱きを助け強きをくじくロック好きな性格からくるものなのかもしれない。

「正義の味方気取り」の薄っぺらな人生、「人のために」と言いながら、根底には必ず「怒り」がこもる。偽りのヒーロー「やまとマン」の生い立ちを語ろう。

私は田舎の魚屋の三代目として生まれた。幼少時代から蝶よ花よと育てられ、店で働く番頭さんや一緒に経営していた寿司屋の女中さんにかわいがられながら、何一つ不自由することのない日々を過ごしていた。

欲しいものは少しべそをかけば手に入ったし、商家ゆえに金銭的にも余裕があったのだろう、同級生よりも洒落た洋服を着てヤマハのオルガン教室にも通っていた。人の中で育ったせいか、どこかしら親分肌のところがあり、学校ではいつも学級委員長、部活動をすればキャプテンと、その地位はいつも指定席だった。

しかし商売が順調であったのに反して、家庭環境は私の心に大きな重石となってのしかかっていた。

祖父の溺愛の中で育った私の父は、高校サッカーで全国優勝するほどの有名選手だったが、よくある話で「遊び」を覚えて身を持ち崩す。私に物心がつく頃には、ほとんど父と一緒にいた記憶がない。

そんな可哀想な私を「悲しませちゃいけない！」と祖母と祖父のお妾さんの2人が、旦那さん、つまり祖父の気を惹く意味もあって、競って私をかわいがってくれた。お番頭さんも女中さんたちも、よく遊んでくれた。

自分の周りの人が不憫な私を無理やり笑わせにかかる。「笑ってりゃいいんだ！　ヘラヘラしてろ！」と乱暴な教育でもあった。「ハイ、ハイ」と空返事をすれば、「ハイは3回だ！」と笑わせる。

そんな周りの気遣いを子どもながらに感謝しつつ、「この状況で自分は家族や店に迷惑をかけちゃいけない！」と思うようになった。人の話を聞けばおもしろくもないのに愛想笑いをする。誰からも誘われたらとりあえず行くし、何を食べても「おいしい！」と言って嫌いなものでも食べ切る。

そこに自分の意思がないのである。子どもの頃の写真を見ても笑顔の写真が少ないのが、その証拠だと思う。太宰治の『人間失格』の主人公「葉蔵」そのものだった。

とにかくひとりが好きだった。他人に気を遣うことなく自由でいられる時間が好きだった。ひとりで本を読み、テレビを観ていればご機嫌だった。

人と違うことがしたかったので、小学生の頃から英語の歌を聴き、ラジオの深夜放送に没頭し、アニメの話をしている同級生を鼻でバカにしていた。「自分は人より偉いんだ!」と言い聞かせながら……。

表に出ればまた父親のことでいらぬ同情をかけられる。感受性の強い青春時代をびくびくしながら過ごした私も、無事に高校から大学へと進んだ。努力することが嫌いで、受験も要領よくテクニックでパスした。ゆえにいまでも大河ドラマを観ても時代背景がまったくわからない。

大学時代は音楽を聴き、コンサートに頻繁に行った。映画もたくさん観た。東京は「夢の街」で、誰も私のことを「やまとのせがれ」と知る人はいなかった。

それが心地よかった。早い話が逃げていた。一瞬でも現実から離れたかったのである。現実に戻ったときの空気はその楽しさに反比例した。

敵はすべて大きなもの

好きな仕事もやりたい仕事もなかった私は、少しの修業の後にやまとに入ることとなる。古くからの従業員は私の入社を歓迎などしない。やりづらいからだ。それもわかる。

誰とも意思の疎通がなく、父親の弟である叔父が社長を務めていて、従業員はすべて社長の意に沿って動いている。放漫経営でも時代のおかげで成り立っていた。

しかし、時代の流れで競合店の出店が相次ぎ、やまとの経営に赤信号が灯る。昨日まで「金を借りてくれ」と言っていた銀行が、「すぐに借りた金を返せ！」と迫ってくる。それは酷いものだった。

「悔しいな……いつかこの借りは返してやるからな！」

坊ちゃん育ちの自分でさえ怒りに震えた。

私が銀行の言うままに、ときの社長を解任し、身内の従業員を全部切り、癒着の多かった取引業者をほとんど替えて再起を図ったのは、すでに述べたとおりだ。残った従業員や正直な取引業者、何よりやまとを見捨てなかった地域のお客さんのおかげで、店は潰れずに済んだ……。

つらかった。俺はいままで甘過ぎた。神様が「このままじゃ、つまらない人生になるぞ！」と教えたんだ、と思った。

そして、これからの人生「恩返し」のために生きよう……と心に決めた。口ばっかりだけど……そう決めた。

それからは競争に負けて潰れた店を居抜きで借りたり、業務提携したりして「大きなもの」や「資金力のあるもの」に立ち向かっていった。小さな商店がそれまでの努力など関係なく、いとも簡単に大手に潰されるのが許せなかった。

「これじゃ商人は浮かばれない！」

俺はこっちに付くと決めた。険しい道だが、どっちにしても地獄が待っているのだから。

知り合いが何人も死んだ。

店を潰しても犯罪ではない。なのに「申し訳ない」と死んでいった。「理不尽」だと思った。

弱いものが何も言えず消えて行く世の中が許せない。親が金持ちだから、それだけで子どもが幸せになるなんて不公平だ。政治家と知り合いだから仕事がくる？　黙っていても給料がもらえる？　若い芽を摘む、世代交代しない……。すべてが気に入らなかった。

一度死んだような店である。父親もバチが当たって早く死んでくれた。幸い、どこにもお世話になることのない業種である。

ならば俺が言ってやろう、それが俺の恩返しだ！

「ふつうの人」をバカにするんじゃない！

それからの私は「違う！」と思ったことにはすべて嚙みついた。ほとんどのことはどうでもよかったが、百のうち一つや二つある「どうしても許せないこと」には、自分が矢面に立って向かっていった。

敵はすべて大きなものだった。教育委員会、日教組、文科省、金融機関、甲府市中心街、巨大ショッピングモール、買物難民……。電力を隣の県から買えない現状を「報道ステーション」で訴えたこともあった。勝てっこない、相手がデカ過ぎる。

でもやる！　自分の腹にダイナマイトを巻いて、自爆テロ覚悟で抱きついてやる！

「駄目なものは駄目、子どもに示しがつかない！」

これが自分の信条になった。

赤字でも店を閉めない大切な基準

さて、地域に支えられて100年以上続いたやまとの航海も、終焉に向かい始める。

船底に穴が開いて海水がどんどん入ってくるのにも気づかず、船上でのん気に舞踏会をやっていたタイタニック号の沈没とは違う。やまとは小さな泥舟と知りながらも、穴が開けばそこを塞ぎ、帆が破れたら繕う。波を被れば水を掻き出し、凄腕の船長もやり手の船員もいない舟を沈ませないようにみんなで櫓を漕いでいた。

巨大ショッピングモールが次々開店し、それを迎え撃つ商圏内の同業者が負けまいと低価格で戦いを挑む。

「やまとは規模もターゲットも違うから大丈夫！」

専門家の意見は耳触りが良かったが、現実は違った。

大きな魚が生き延びるには、自分より小さな魚を餌にする。小さな魚も生き延びるために自分よりさらに小さな魚を食いにかかる。大きな魚も小さな魚も、運良く生き残ったと思っても、最終的にはもっと大きな網をかけられて一網打尽にされるのだ。

コンビニが増え、ドラッグストアでも食品を安く売る。ホームセンターにも米やビールが並び、安売りではディスカウントストアには勝てない。通販の便利さは語るまでもない。

きっと、やまとも小さな商店を食い潰して生き残ってきたのだ。

おままごとのような地域貢献でお天道様が許してくれると思い、自分ではその贖罪のつもりで損得よりも善悪を優先してさまざまなことをやってきたつもりだった。しかし、踏まれたほうは忘れない。

そして、やはり振り子は返る。郊外への大型店の出店と、その売上減少を補うために競合他社がやまとの近隣へ出店してきたことが原因で、5年ほど前から売上は徐々に下がっていった。

危機感を持った私は全16店舗の成績を見比べ、「大きな赤字店舗であること」「やまとのほかにお客さんが買物に行ける店があること」、この2つを基準に店舗を閉鎖していくことを決断した。

社長就任時にやまと発祥の地にある店舗を閉鎖して復活したように、やまとの現店舗数の3分の1に当たる競合の激しい地域の赤字店舗を閉鎖すれば、また健全経営に戻れるという確信があったからだ。

しかし、私の社長就任時とは状況がまったく変わっていた。

ご承知だろうが、小売業は商品を仕入れて販売すると、カード決済を除き売上が即現金で入ってくる。それに対して仕入れの支払いは月末締めの翌月末払いなどの「後払い」である。今月末に支払う金額は先月の仕入分といった具合だ。

繁忙期のお盆商戦の支払いは翌9月、年末商戦の支払いは翌1月となる。ゆえに商店の倒産は多額の支払いができなくなった1月や9月に多発するのである。

信用のない弱小商店は、この支払いサイトが短くなる。力関係からそれに応じないと商品を納品してもらえない。

このつらさを知っていたので、私は地域の個人商店に、やまとの売場から自社の仕入金額に少しばかりのマージンを乗せて掛け売りもしていた。商品が仕入れられない、配達もしてもらえない個人商店からはとても感謝されていた。

企業、特に小売業は、出店を続けているときの経営はたやすい。いままでなかった売上が開店日から新たに入ってくるし、店に並ぶ商品の支払いは翌月末だからだ。

大企業では、初回納品分は無料といった羨ましい話も聞く。メーカーも問屋も大企業には優しい。電気代も人件費も、お客さんから預かった消費税もすべて後払い。スポーツドリンクをたくさん抱えて余裕でマラソンを走っている状態とでも言おうか。

片や弱小スーパーやまとは、この逆を行こうと決断したのだ。店舗閉店の日から売上はゼロ、しかし先月から閉店日までの商品仕入代金の請求は当然やってくる。人件費も莫大な電気代も、チラシ代も商店街の会費も途中では止められない。この支払い負担を乗り切るためには、よほど自己資金を用意しておかなければならない。

だから、店舗の閉鎖は体力が必要になる。ふつうなら銀行に当座の資金を融資してもらって急場をしのぎ、また利益体質に戻して返済していく。銀行は「新店舗開店」の設備資金と「赤字店舗閉鎖」のための短期資金には稟議が下りやすい。「決算書上おそらく黒字だと思われる企業」に限定されるが……。

社員はひとりも解雇しなかった。しかし、近所の通勤の足がないパートさんは別店舗への異動を勧めたが、辞めていった。

「社長、長い間お世話になりました。これからは年金をもらって孫の世話をするから心配しないでください」

パートさんは、うろ覚えの年齢をはるかに超えていた。

取引銀行との丁丁発止

やまとの経営を回復するためには、スピードが必要だった。3年くらいの間に赤字店舗を5店舗閉鎖しなければ、経営は成り立たない。

しかし、大手企業の進出で売上が低下したやまとに、後ろ向きの資金を出してくれる銀行などない。信用保証協会の枠もすべて使い切っていた。当然だが、自分の蓄えなどすべて会社につぎ込んで支払いに充てていた。

すべて会社を守るため、従業員や取引先、大切なお客さんを守るためだ。これを乗りきれば、また明るい未来が待っているのだから。

銀行への月々の返済が厳しくなってきた。取引先への支払いや、従業員の給料は何がなんでも期日には支払わなくてはならない。それこそが信用の源であるからだ。電気や水道も料金を支払わなければ、早晩止められてしまう。そうなれば、食料品を扱っているやまとはその時点でアウトである。

見栄っ張りの私は、もともと人を頼ることが嫌いだったが、この危機に及んでは専門家の助けを求めた。メインバンクが紹介してきたコンサルタントではなく、私が信頼する会計士から紹介を受けた専門家である。

後には、その顧問料の高さで交代することになる若手のコンサル集団だ。年下の彼らは、当事者に寄り添う人間力までは持ち合わせていない。彼らに言わせれば、「そんなスキルは必要ない」のだろうが。

こんなとき、会社は取引銀行を全部集め、資格を持ったコンサルタントと一緒に練った経営改善計画書を見せて、「このような実現可能な経営改善をしますので、少々お時間をください。改善の暁には返済を再開いたしますから」と借金返済を待ってもらうのである。この場合、利息だけは支払わなければならない。

それでも厳しい状況にある会社にとって、この元本返済の猶予（リスケジュール）はとてもありがたい対応である。やまとの場合、赤字店舗を閉鎖すれば利益体質に戻ることは明白であり、金融機関のイメージも同じであったことから、リスケは全銀行の承認を得て、以後3年間続くことになった。

売上は店舗閉鎖と共に減ってはいく。しかし、それに伴うコストの削減が会社の収益を上げて体力のある会社に復活でき、また地域のお客様に貢献していくことができる。

年に一度、その翌年の経営改善計画を全取引銀行に承認してもらうための会議（バンクミーティング）が行われた。銀行の担当者から「たくさんの会社が同じ状況にあります よ」と聞いて、「厳しいのはうちだけじゃないんだから頑張ろう」と自分を励ました。

このバンクミーティング、よほどしっかりした計画を提示しないと、銀行は借金の返済を迫ってくる。当然のことだ。金融機関も貸した金が返ってこないとなれば大きな損失となるし、その融資の財源である預金者からも責められる。

ただし、金を貸した会社が「ここまで頑張ります！」と言ってくる以上、複数ある銀行の中から自分の銀行だけが資金を回収し、その会社の血を止めて破綻に追い込むことはとてもしづらい。

国の「中小企業を守れ、借金返済も厳しいときには対応してやれ」という政策もあり、バンクミーティング自体は紛糾することもなく想定どおりの結果になっていた。後はその計画どおりに経営が改善しているかどうかを毎月資料にして金融機関に送付する。

計画を揺るがす大事件でも起きない限り、銀行が急に「金を返せ！」などと飛び込んでくることはない。土日や夜間に来社することもないし、私の携帯電話ではなく会社にかけてから私を呼び出した。コンプライアンス（法令遵守）というやつである。

お小言や嫌味の類は往々にして担当者レベルの問題であり、銀行とのやりとりで命を縮めるような思いをしたことは一度もなかった。

そうは問屋が卸さない

やまとの経営は、赤字店舗の閉店や全従業員の血の滲むような経費削減のおかげで、計画どおりとはいかないまでも年々回復していった。会社が倒産した時点では経常黒字にまで改善していて、銀行も期待してくれていた。

では、なぜ潰れてしまったのか？

銀行から運転資金が出ない状態のやまとは、月末になるたびさまざまな支払いのために資金繰りに奔走する。ほとんどの経営者の悩みや苦しみがこれだろう。

帳簿上は黒字であっても、お金が支払えなくなれば倒産の憂き目に遭う。「勘定合って銭足らず」「黒字倒産」というものだ。

会社の大小にかかわらず、社長は銀行から借金するときには、会社と共に個人が連帯保証人となる。信用度の高い上場会社なら社長個人が連帯保証することはないため、会社の不祥事で責任を取って辞めても、家屋敷や預貯金まで召し上げられることはない。羨ましい限りだ。

連帯保証している中小企業の社長は、会社を倒産させてしまうと、その後の人生でリターンマッチを挑むことは難しい。「アメリカならば会社が倒産しても社長は復活できる」などと言われるが、ここはアメリカではない。社長や経営者一族が連帯保証人に名を連ねなければ、銀行はお金を貸してくれない「日本」なのだ。

倒産すれば悲惨な未来しか待っていない。そのことを恐れて夜も眠れない日が続く。いっそ死んでしまおうか……。

この思い、人にはわからない。皆さんには経験してほしくない。

ここからは少し生々しい話になる。事実を書いても、「被害妄想」と言われるのを覚悟のうえで書く。

「そうは問屋が卸さない」とは、よく聞く言葉である。

商店は、商品がなければ商売ができない。その商品は問屋から仕入れる。

その問屋へ「やまとの近年の成績が芳しくない」と、ほかの取引先から情報が入る。

「銀行の返済もできないらしい」

「業者への支払いも一部遅れているらしい」

そして、情報調査会社のレポートには、銀行とメインの取引業者しか知らないはずの、決して公表されるはずのない詳細な数字が「推定」の文字と共に載っている。

そうなると、問屋は我先にと動き出す。

「やまとが潰れたら、支払いが止まって損失が発生する。その前になんとかしろ！」

長年のお付き合いがある地元の中小取引先とは違い、特に大企業のそれは早い。倒産する半年くらい前から、次のように言ってくる。

「支払いの期日を早めてほしい」

「取引を継続するなら前金（保証金）を払ってほしい」

「これからは1カ月〇〇万円しか納品しません」

そして、「それが駄目なら取引を終了します！」となる。

せっかく業績が改善してきたのに、こうして予定外の出費が100万円単位で吸い取られていく。銀行は自分たちが返済を待ってやっているのに、取引先にお金が流れることに対して「詐害行為」だと強く反応した。

難しい言葉だ。でも、仕方なかった。問屋の要求を断れば納品が止まる。止まればその時点でやまとは終わる。理不尽だと思ったが、それに従わざるを得なかった。

私の例のリストには「いつか見返してやる！」の文字と共に名前が増えていった。

銀行に返済を待ってもらう間、大口の問屋にも支払いの繰り延べをお願いした。以前は仕入れの約半分を占めたほど、やまとを支えてくれた大企業である。

リスケをお願いしてから毎月、その問屋のやまと担当チームが訪れ、前月の成績検証や銀行に提出した改善計画との違いなどを詳細に聞き取っていく。これは倒産直前まで続く恒例の面談となった。私はそのたびに、お世話になっている申し訳なさと、いつ支援を止められるかという恐怖に身を削られる思いだった。

もちろんその問屋も自社の利益を最優先に考えるし、やまとが潰れることも望まない。金融機関ではない彼らがやまとにどんな対応をしようと、商品を止められたら経営改善計画自体が頓挫してしまうとわかっている銀行は物申すことはできなかった。

仕入先からの強い要求

年に一度のバンクミーティングで経営改善計画が承認されるとすぐさま、問屋から新たな要求が舞い込んでくる。

「支払いを繰り延べている金額を少しでも減らせ！」

相手の立場に立てば当然の要求だろうが、短い期間に多くの店舗を閉鎖してきたやまとに、要求に応じてお金を払う余裕はない。そのために銀行にも時間をいただいているのだ。

彼らはやまとの内情を知っているので、ぎりぎり払える金額も知っている。「払えなければ商品を止める！」という言葉に逆らえるものではない。

「我々は銀行ではない！」

面談に同席しているコンサルタントでもある若い公認会計士に向かって、問屋の担当者は言った。「何かあってもあんたは責任を取れないんだから、ここから出て行け！」。

怒号が飛び交い始めるようになった。

若い会計士は萎縮してしまい、反論さえできない。この頃から私は、弁護士の勧めもあり取引先とのすべての会話を録音し、毎日のできごとを日記に残すことにした。

３６５日、その問屋に毎日の資金繰り表の送信を命じられた。元日もクリスマスも関係なく……。

急に連絡がきて、「これから行く」と言われることもしばしばだった。「用事があって会えない」と告げても、「どこへ行く？　いつ戻る？」と言われ、予定をキャンセルして会社に戻った。

送信した資金繰り表に間違いがあって、夜間に自宅と会社を5往復したこともあった。娘の成人式を祝う食事会もキャンセルせざるを得なかった。

店内すべての商品在庫も、問屋との取引の担保に組み入れられた。売場のケースや陳列棚、わずかな会社所有のゴルフ会員権、あのヴァンフォーレ甲府の株券も担保に入れた。経営者ではない名ばかりの役員も取引の連帯保証人として名を連ね、経営とは関係ない第三者が共同所有する母親の家も担保に入れた。昼夜を問わないメールや資料請求、年間300回を超える携帯電話への着信——こんな毎日が3年以上続いた。

赤字を減らすために店舗を閉店すると、その店が仕入れていた分だけ仕入金額も減らされた。これでは、その分残った店舗の商品を充実させることができない。

それと同時に、前年仕入実績の93%という仕入制限を設けられていた。やまとの売上は前年売上比で97~98%で推移していたので、その差は別の取引先から仕入れなければならない。しかし、仲人でもあった以前の問屋から切り替えるときに仕入先を集約することが条件だったので、いまさらほかの業者が売ってくれるはずもない。

売場が空っぽであることを憂いた女性従業員が、「商品をもっと仕入れさせてください」と、私に内緒で従業員全員とその家族、お客さん300名の嘆願署名をその問屋の社長に送ったことがある。しかし「事情も知らないやつがこんなことをして、こちらの気分を逆なでする気か！」と一蹴された。

私は涙が出るほど嬉しかったが、謝らなければ仕入れを止められると思い謝罪した。古くからその問屋に勤める年長者から「これはいじめです」と耳打ちされた。ほかの人からは「集団リンチ」とも言われた。

これはもう商取引なんかじゃない。ただの常軌を逸した取り立てだった。

またあるとき、仕入先のパン屋が「やまとが明日潰れると聞いたから支払ってほしい！」と夜間に自宅に取り立てに来たこともあった。まだ約束の支払い日もきていないし、一度も期日に支払わなかったこともないにもかかわらずだ。

「誰がそんなことを？」と聞いても答えない。

「上からの指示です」と、また常套句が飛び出す。取引先とのほぼすべての会話に登場する単語である。翌日、支払期日前だったが、その会社に全額を支払った。

やまとの復活を望まない人たちがいるんだな……そう感じた。

ともあれ、家の中にいた娘に気づかれなくてよかった。こんなことはドラマの中だけで十分である。

こうして、やまとの売場はやせ細っていく。私は、他人事だと思っていた精神科に駆け込んだ……。

こんな毎日の中で、学校や高齢者施設、地域での講演会を続けるのはつらかった。

「社長さんに元気をもらいました！」

その社長さんには元気なんてなかったんだよ……。みんなが元気をくれたから、死なずに済んだんだ。


よく年長者から「おまえは本当の苦労を知らない」と言われることがあった。いまならその言葉の意味がわかるし、その言葉をそのままお返しできる。

家族や親族、友人、腹心の従業員からお金を借りて支払いに充てた。理由を話すと、みんなわずかでも用立ててくれた。

「あんたはいままで一切弱音を吐かなかった。そのあんたが『助けてください』って自分を訪ねて来てくれた。知り合いにも頼んである。ここを出たらそこにも行きなさい」

命をつないでくれるお金、震えるほどの感謝……。これで会社を守れる。従業員ややまとでしか買えないお客さんを守れる。

見えてきた光明

取引銀行の中には、やまとの業績が改善してきたことを評価し、いわゆる「経営の抜本再生スキーム」に乗せるという提案をくれる銀行もあった。早い話が借金の棒引きである。借金から担保に入れている金額を差し引いて、その分は銀行が泣く。その代わり、社長の資産は差し出すこと、そしてきちんと地域に貢献していくことが条件だった。

会社を残すことが唯一の望みだった私は「ようやくここまでこられたか」と心の中で喜んだ。問屋にも、その経緯を逐一報告した。

会社を再生させるには、スポンサーを見つけて傘下に入って経営を続ける「民事再生」などの手法があるが、潰れたスーパーを居抜きで継続してきたやまとに、スポンサーが名乗りを挙げるはずもない。同じ問屋から仕入れている競合他社から「やまとの一部の店舗が欲しい」と打診を受けたことはあるが、それは「やまとが危ないらしいが、もし潰れたら儲かる店だけ欲しい」という意味だろう。

業績は回復しているのに、出て行くお金のほうが多いのが悔しかった。それでも明るい兆しを実感していたので「あと少しの辛抱だ！」と従業員と志を同じにしていた。

電気料や社会保険料の支払いは、きちんとお願いすれば相手方もそれに応じてくれる。年に４回の消費税の支払い、固定資産税も同様である。私は直接出向き担当者と話をした。取りっぱぐれるより、少し待ってでも（延滞金は発生するが）払ってもらったほうが相手もいい。「武士の情け」はここにもある。相手も鬼ではない。

蛇足ではあるが、このときの私の給料は月額30万円だった。諸費用を差し引いた後の全額をそのまま会社に貸し付ける。そして、後でそれを放棄する。要は無給だ。

妻の母親の年金から介護費用を支払って、残った金で一家の生計を立てていた。言ったとおり、やまとの弁当は冷めてもおいしいのだ。

倒産前の9月、私は母校の韮崎高校で毎年盛大に開かれる「同窓会」の実行委員長を仰せつかっていた。会社は厳しかったが、歴代卒業生が一堂に会する伝統ある同窓会だ。同級生からの頼みを断りきれず、実行委員長を引き受けた。

ノーベル賞を受賞した大先輩にも来てもらい激励のスピーチをいただき、例年になく盛況だった。そして「学校帰りに、君の親父さんからよくおやつをもらったんだよ！」と大先輩。ノーベル賞と対極である不肖の父がつながってしまった……。

そのとき、晴れの舞台で元気な私の姿を見た同窓生たちは、すぐ後にやってくる「やまと倒産」の地元紙トップニュースを見てさぞかし驚いただろう。そして校訓の「百折不撓《ひゃくせつふとう》」、つまり「何があってもくじけるな！」の精神で私がまた戻ってくることを想像したに違いない。いや、意外に想像しなかったかもしれない。

翌10月はほぼ毎週末の雨で、観光地の店舗をはじめ売上が伸び悩んで苦しかった。しかし、バンクミーティングで銀行の支援継続も決まったし、今期業績が前期に比べてすこぶる改善して黒字に転換したことで、従業員たちもやる気満々だった。

そして11月、月末はいつものように支払いが厳しい。しかし、来月は一年のうちでも一番の稼ぎどきである12月だ。クリスマスや年末年始のお客さんで売上も大きい。田舎のお客さんの正月の買物の量は、都会の人には想像できまい。

心は重かったが11月末、家族とケーキを食べて55歳の誕生日を祝った。そのたった1週間後、12月６日がやまとの命日になることも知らないで……。

やまとの跡地はどうなったか？

破産処理の終了を待つことなく、やまとの遺した店舗を狙う会社がそれに群がった。

自社物件は競売にかけて換金し、それを債権者に支払うが、もともと借地だった店舗はオーナーが自由に次のテナントを選ぶ権利がある。建物がやまとのものなら、それを裁判所に掛け合いそこそこの価格で買い取り、自分のものにしてから地主さんと交渉する。

やまとは牛丼チェーン店のオーナーでもあった。田舎の店だったが競合もなく、とても繁盛していた。チェーン本部はすぐさまその土地と建物を取得し、店舗の継続を決めた。

私が推し進めた「破綻スーパーへの居抜き出店」の跡地は後継テナントが決まらず、まだそのままの姿を残している店舗もある。もうその立地では商売が成り立たないことを意味しているのかもしれない。よくぞその土地で戦ったものだ。

では、やまとのドル箱店舗はどこが引き継ぐ？ 業界関係者にとっては関心が高い。「きっとあの会社だ」「もう決まっているらしい」「やまとの社長なら絶対あそこにはやらせないはず」、地域の噂も耳に入ってくる。地元紙もその進捗を報道していった。

伝手を頼って私個人に依頼してきた人もいる。なんとか自社にやらせて欲しいということだろうが、地主さんの連絡先を教えるのが精いっぱいである。私にはそれを決める権限がないのだ。早く後継テナントが決まれば、債権者でもある地主さんの負担も減ると思いつつ……。

稼ぎの多かったやまとの複数店舗には県内外から10社以上の申し出があったと、破産管財人から聞いた。甲府市郊外に巨大なショッピングモールの増床を決めた巨大企業傘下のスーパーが、一番のドル箱店舗の営業権を取得した。自分が命がけで戦って敗れたあのＡ

社である。県内シェアトップのスーパーも触手を伸ばしたが、最終的にA社に及ばず、その近隣に新店舗を開店させることとなる。どう見ても人口的にオーバーストアであり、競合の激しい立地である。

以前、韮崎の本社近くにあったショッピングモールの中のやまとを撤退したときも、A社が営業を引き継いだ。同じ地主さんが経営する店舗だ。

別の3店舗にも、これまたA社傘下のドラッグストアが入居した。

「いままでの苦労はなんだったんだ?」と自問自答してさみしい気持ちになったが、倒産したのだから仕方ない。皆さんの地域でも同じ現象が起きてはいないだろうか?「そんなに薬は飲みきれない」といつも思う。

人手に渡ったやまとの跡地店舗に買物に入る度胸はない。初めは見ないようにしてきたが、すべて国道沿いの良い場所にあり、避けて通る道もない。

目を閉じれば、私にとっての日常の景色がまだくっきりと蘇る。開店の日、お客さんの笑顔、従業員と過ごした日々、楽しかったこととつらかったこと、納品を止められてガラガラになった商品棚、店を閉めた夜のこと……。

壁のキズや社長室の雨漏り跡もはっきり覚えている。これは死ぬまで消えないことだろう。思い出までは裁判所も差し押さえできない。

やまとの跡地にとどまらず、県内では新規出店が続いている。スーパーやドラッグストア、百円ショップやホームセンターを併設したショッピングモールがこれからいくつも開店していく。どこも繁盛する前提で計画されるのだろうが、山梨県の人口は世田谷区の94万人にも満たない82万人足らずである。世田谷区にはこれほどスーパーもショッピングセンターもない。弱肉強食の自由競争社会なので、日陰者の私が口を挟むことではないが、すべての業種で再編や新陳代謝が繰り返される。

ビジネス書には「時代に合わせて変われる者だけが生き残る！」と書いてあるが、商店街のおっちゃんが簡単に変われるはずもない。商工会のセミナーを聴いて急に店先を掃きながら笑顔であいさつなんか始めたら、「お父さん、熱はない？」と家族に心配されるのがオチである。

前は「経営者でなくお客さんになりたい」と思っていたが、そうなったいま、まさに中小企業経営者のご苦労（言い換えれば恐怖）を察すると心が重くなる。私はいつまでたっても「そちら側」の人間である。

第7章 破産後の日常

潰れた店先で自著を販売

自己破産で失うもの・残るもの

会社の連帯保証人である私も自己破産することとなった。

「俺は腹をくくっている。どんなことにも立ち向かい、何かあっても責任は俺が取る！」

よく聞く言葉だが、自己破産するとどうなるかを書いてみよう。

社長イコール会社、中小企業ならどこでも同じだ。会社が潰れると社長も潰れる。

まず裁判所に呼ばれて、破産管財人と共に事情聴取を受ける。

99万円以上の現預金、社長名義の家屋敷、車、単品時価20万円以上の家財道具、ゴルフ会員権、そのほか株券、これらすべて没収される。換金して債権者に少しでも返すためである。銀行口座は基本凍結され、お金の不正な動きがないかを調査するため、過去2年分の通帳のコピーを提出する。クレジットカードも持てなくなる。就職にも旅行にも制限がつく。官報に氏名が掲載され、「破産者」の烙印を押される。自宅に届く郵便物も会社同様すべて破産管財人に転送されて、開封される。

自己破産した人の8割はその後、生活保護を受けながら生きていくという。これだけでも断崖絶壁に立つ理由は十分かもしれない。

私の場合、家屋敷は銀行の担保に入っているため、何かあったら取られてしまうことは以前から覚悟していた。車も会社のリース物件なので、引き上げられた後には妻の名義で安い中古車を買った。ゴルフ会員権や株式も担保に入っていたが、いまではゴルフはやらないので未練はない。

ちなみに、負けず嫌いの私は後輩に負けたのが悔しくて、店が終わってから毎日打ちっ放しで練習してハンディキャップ５の腕前だったこともある。もう10年以上前の過去の話であり、いまはゴルフクラブも売ってしまった。

ロックが好きで集めたレコードやCD、DVDも売った。レコード３００枚、CD１５００枚、DVD２００枚。すべて買ったときのことを記憶している思い出の品々が１枚10円単位で買い取られ、生活費に変わった。

ピアノや家具も、売るとなれば買い叩かれる。良いことがあった記念に買い集めたエレキギター10本もすべて売却。後にそれがリサイクルショップでほぼ定価で売られているところを見てショックだったが、「物は消えても全部俺の心の中にある。これを裁判所は持っていけない。これこそロックだ！」と自分を慰めた。アイフォンに１０００曲保存してあるし、いまではユーチューブもある。

思い出のレコードやギターも家財道具も売るとなれば二束三文である。ピアノはCMでよく見る業者に買い取ってもらった。

これから同じことをされる皆さんにお伝えしておくと、これらの買取り価格は取得価格のほぼ10分の1以下である。参考までに。

妻の貴金属も、本人は「失くした……」と言っていたが、真偽のほどは定かではない。いまは亡き妻の父が集めた古い切手シートのアルバムも、いつの間にか消えていた。

妻の母親の年金から介護費用を差し引いたものが、一家の生活費に充てられる。社長には「退職金」も「未払い賃金の支払い」も「失業保険」も「就職の斡旋」もない。


破産管財人や業者に立ち会い、店舗のリース物件の撤収や商品在庫の買い取りを見届ける。業者の転売に間に合わない賞味期限の迫ったお菓子はフードバンク山梨に運んだ。貧困家庭の子どもたちが春休みにお腹いっぱいお菓子が食べられるように……。

やまとがなくなって以来、ほかのスーパーへ行けるはずもなく、私自身が買物難民化していた。引っ越した妻の実家のそばに停まる、かつてのやまとの移動販売車に買いに行くのも恥ずかしい。

移動販売車の音楽は「韮崎市の歌」に替わっていた。これだけはやっぱり「きよしのズンドコ節」がふさわしいように思う。移動販売を引き継いだ市外の業者に、誰か伝えていただけないだろうか。

破産管財人の計らいで、本部の社長室だけは使えるように鍵を持たせてもらった。電気や水道は止められているが、晴れた日中だけはかつての自分の城にいることができる。ただし、トイレ用の水を入れたポリタンクを2階まで運ぶのは、それまで3年間の業者とのやりとりのストレスから頚椎損傷悪化の診断書が出ている自分にはきつ過ぎる。

店にいると、いろんな方々が声をかけてくれることが嬉しい。

「社長さん、元気けぇ？　みんな心配してるだよ～」

「早くやまとを再開しろし！　みんな困ってるじゃん」

「テレビ観たよ、痩せたけ？」

みんな甲州弁丸出しである。

「おかげさんで～」と答える私。何が「おかげさん」だかわからない。

コンビニでも知り合いによく合う。

「生きてるだか？　元気か？」

「東京に逃げてるって聞いたぞ」

「次の選挙に出るらしいな?」

まったくもっていまだに地域の皆様へ〝酒の肴〟を提供し続けるやまとマンである。

「できることはすべてやれ! 持っているものは全部差し出せ! そうすれば命だけは助けてやる!」

これが「自己破産」である。

おそらく自分を含めて、その状態に人は絶望しかあるまい。基本的人権、これだけが生きていくために残された唯一のバリアとなる。

破産後の日々の生活

破産宣告を受けてから手続きの終了までの1年半は精神的にも安定せず、親しい友人や旧知の先輩からのお誘いでたまに外の空気に触れる程度だった。

担保に取られた住み慣れた自宅は、2人の娘が生まれて独り立ちするまでの間、ちょうど平成の30年間を過ごした場所である。裁判所が出す競売の新聞公告に物件がリストに上がっているのを見て、「いよいよか……」と覚悟を決めた。資産を売って債権者の弁済に充てるのは当然のこと。親族に落札してもらい、名義だけ移して安い家賃で住み続ける抜け道などよく聞く話だが、すべてを会社につぎ込んでしまった私に自由になる金は1円もなかった。先のことを考えず生活資金も残していなかった私は破産者としても失格である。

倒産の日から、同じ韮崎市にある空き家だった妻の実家（妻とは同級生）に家族と身を寄せ住んでいた。弁護士からは「競売が終わって退去命令が出るまで住んでいていいですよ」と言われてはいたが、その日までカウントダウンしながら住めるほどの精神力はなかった。娘の「クリスマスとお正月だけは家に戻りたい」との願いから1週間だけ住ませてもらい、その見慣れた景色を家族で目に焼き付けた。そして記念写真など撮ることもなくいつもと同じ日常を過ごした。それぞれに覚悟を決めた家族は、不安な中にも根拠のない強さを身につけ始める。

「もうこれ以上つらいことないよね？」と聞く娘に「あるわけないよ、ここからまたどんでん返しが始まるんだよ。映画とかみんなそうじゃん！」と答える妻。実現する根拠はまったくない。

家は破産から1年後に競売にかけられ、価格の低さからすぐに落札された。どこかの若夫婦の手に渡ったと聞いたが、お目にかかることはない。

同級生に片付けを手伝ってもらい家の中を空っぽにした。先に書いたように、少しでも換金できるものは業者に来てもらい、その場で買い取ってもらった。20万円以下の資産は破産していても生活費に充てることができる。

これからは別の家族がその家で新しい思い出を刻んでいくことだろう。それでいいのだ。私は倒産会社の社長だから責任を取らなければならない。自分でもそう思っていたし、社会もそう言う。

なんの肩書きもなくなったいま、私も家長として収入を得なければ生活できない。従業員の再就職の目処がついた倒産翌年には、就職活動を開始した。毎朝求人広告を眺め、とりあえずの収入の道を探る。介護施設、コンビニ、ライン製造……。求人誌にこれらの業種の募集が並ぶ。ぜいたくなど言ってられないとは思いつつ、支援してくれた方々にも納得いただける仕事はなかなか見つからない。

中高年向け管理職専門の転職エージェントの面接も受けてみた。「あなたのような貴重な経験をされた方を求める企業は必ずあるはずです！」との反応に期待を寄せてはみたものの、それからなんの連絡もなかった。はなから同業者からのお誘いは断ろうと思っていたが、要らぬ心配だったし、こんな倒産社長を迎え入れたら負のパワー（貧乏神）を引き入れてしまう。

取るものもとりあえず妻の実家に引っ越した後は、面が割れている近所のスーパーへ行けるはずもなく、倒産時に店から持ち帰った賞味期限切れの食材で毎日をしのいだ。賞味期限ではなく消費期限まで切れた商品も問題なく食べられる。ただしペットボトルの飲み物は炭酸が抜けてしまって全部捨てた。持ち出すなら缶のジュースがお勧めである。

「武士は食わねど高楊枝」と言う。勝手な解釈だが、男としてはこうありたいものだ。

「金はないけど、貧乏じゃねぇ！」。かの清里のスーパーマンの名言が私を支えた。

毎月お米を送ってくれる山形の友人、少しだけどと毎月５０００円ずつ送金してくれた千葉の友、「キャベツ食べる？」と声をかけてくれる地元の友人、応援メッセージや激励の手紙をくれる方もたくさんいる。

妻の父が地域の顔役だったため、引っ越し先のご近所もあたたかく接してくれる。

私の実母はずっと妹にまかせきりだが、孫とも同居して元気でいる。

妻の父は十年前に亡くなり、義母は認知症で妻が私の家で面倒を見ていた。

10年ぶりに妻の実家に灯りがともる。カーテンや壁紙を張り替え、電気や水道を再開して第二の人生が始まった。料理上手な妻が、家庭菜園にホームセンターで買った苗で野菜をつくる。近くに住む親戚がいろんな食材を届けてくれたので食べ物には困らなかったし、義母のことを気遣ってくれたりもした。唯一刺身を買える場所が近くになかったので、魚屋のせがれとしてはイカの塩辛で我慢していた。

たまに妻と郊外のディスカウントストアに出かけ、格安の商品を買いだめしてくる。経験上、商品原価がわかるので、価値のあるものしか買わないし、買えない。

それは毎日の食費を節約して、最大限おいしい食事をつくろうとする消費者の基本であることをいまさらながら実感した。ポイントカードやクーポンを利用するのはもちろん、値引きシールの貼られた商品ばかり買う自分に「やっぱりスーパーやまとは必要な店だったな」と思い知る。

破産者はクレジットカードを持てないので、キャッシュバックの恩恵を受けるために銀行残高の範囲内でしか使えないデビットカードを作った。キャッシュレス時代に入ったので、このカードさえあればほとんど生活に支障はないし、銀行口座も問題なく開設できるので破産した人もご安心を。

私の収入源は、義母に支払われる年金から介護費用を引いたものと前著の本の印税（夢の印税生活にはほど遠い）、そしてご依頼をいただいたときに出向く講演会の謝礼である。おそらく娘2人の収入よりずっと低い。金額でいえば国から補助金が出るレベルだろうか。しかしフードバンクには頼みづらい。

前年度所得に応じて課せられる住民税や健康保険料の支払いも、倒産翌年はキツかったが、収入がなくなった翌年からは負担が減った。妻名義の安い中古車も維持費がかかるし、生命保険を掛ける余裕もない。早晩嫁に行くであろう娘たちに渡してやれるお金もない。同じ状況で、もし支えてくれる人がいなかったら良くないことを考えるのは必然だと思った。倒産社長の成れの果て、逆境を乗り越える術は常に心の中にある。

ビクビク隠れるよりも表に出る

倒産してから少し落ち着いた頃、せっかく時間もできたことだし、100年以上も続けてきた商売のことや自分のことを書き留めておこうと思い、文章を綴っていた。倒産の顛末を業界月刊誌「商業界」に掲載していただき、その流れで前著『こうして店は潰れた～地域土着スーパー「やまと」の教訓～』の出版となる。

つたない素人文章ゆえ、到底売れるなどとは思いもしなかったが、倒産の当事者が書いたという珍しさと奇抜なタイトルのおかげもあり、増刷を重ねることができた。印税はすべて地元の書店で本を購入する費用に充て、お世話になった方々に配ったり図書館に寄贈したりした。

書いた自分がいま読み返してみても、そのときの情景がくっきり蘇ってくる。

「倒産から3年経ってもう穏やかな日々を送っているのか?」と聞かれたら、答えは「NO!」である。何も変わっていない。何をすればいいのかわからないのに、何かをしたい衝動だけが募る。

さて、その出版社が2020年4月に経営破綻し、処女作にして引退作の前著は行き場所をなくした。しかし捨てる神あれば拾う神あり、倒産以降の出来事を加筆させてもらい、再出版の運びとなった。「せっかく絶版になったのに、また余計なことを書き加えて世に出すなんて!」と苦虫を噛み潰している人もいるはずだ。いや相当いるに違いない。

本を読んだ人の感想はさまざまだった。全国紙やテレビ・ラジオでも紹介され、概ね「よくここまで書いた」と好評をいただいた。かたや匿名での感想は辛辣なものも多かった。

「典型的なバカ社長、読むだけ時間の無駄」

「経営者として失格」

「慈善事業は蔵を建ててからやれ！」

「こうすれば会社が潰れるのですね、大変参考になりました」

「自分の不始末を棚に上げて、自慢話と恨みつらみのオンパレード」

「本を出すなんて時期尚早、懲りない奴だ！」

さすがに的を射ている。自分が読み返してもそう思うので、まったく言い返すことはできないし、本を買って読んでいただいただけでありがたく思う。次はぜひドラマチックな成功物語を読むことをお勧めする。

彼らの言う「時期尚早」とは、「永遠に認めない」と同義語である。なんと都合よく、立派に聞こえる四字熟語だろう。

「倒産して自己破産したような人間はお天道様の下を歩くな。霞を食って生きていけ！」。人の心の奥底にはまだそんな偏見が残っているのが、いま身にしみてわかる。

皆さんの周りにも、会社が潰れて社長は行方知れず、一家離散、親戚まで白い目で見られているなどの現実はないだろうか？　ないに越したことはないが。

日本にはリターンマッチのチャンスが少ない。再起しようにも金はない、信用はない、応援する人はいないの三拍子である。それなのに若い人たちに対しては「どんどん起業しよう」と国が煽っている。もちろん倒産はアウトだが、赤字企業というだけですぐ「あそこは危ない」だの「資金を引き上げろ」ということになる。故に日本の会社の7割近くが「危ない会社」ということになる。

「明日は我が身」と思うなら、もう少し人に優しく接してもバチは当たるまい。

「自分はそんな経営者とは違う。地域貢献もして信用もある。公職も歴任して経済団体の役員として金融機関の受けもいい。内部留保もある程度確保してあるし、取引業者の支援も厚い。何よりも地域の消費者に愛されているのだから大丈夫だ！　さあ今夜も名経営者の本を読み、半沢直樹のビデオを見てふんどしを締め直そう」

これはまさしくやまとのバカ社長の事例である。皆さんの会社や社長さんは違うと信じている。

逆張り経営の「ランチェスター戦略」を無意識にやっていた自分にとって、倒産社長がその後どんな人生を歩んでいくかというテーマは、とても重要なものだった。いままで会社のために取り組んできたさまざまなことは、社会的に評価されてきた。

ご批判やお小言などをいただくことは想定内だし、すべてを失ったいまとなっては、怖さに対する抵抗力も格段についた。いい意味で苦労は人を鍛える。


「そうだこの本を潰れた店先で売ろう！」

本社のある韮崎市や店舗の多かった隣の北杜《ほくと》市に、書店はほぼない。大して売れるはずもないから、そこで本を売ろう。

みっともないことは百も承知だ。支援してくれた人に「ちゃんと生きてるから！」と元気な顔を見せたい。

店舗は車の往来が激しい国道に面している。そして信号もあるので、停まるたびにジロジロ見られて指を差されるかもしれない。これ以上みっともないシチュエーションは田舎にはない。惨めだけれど、逃げない自分をさらす最高の舞台である。

私は本の発売日の前日と当日の２日間、「潰れたやまとの本販売中」と書かれた大きな看板を道路に向けて掲げ、自身のＳＮＳで告知し、朝から日没まで妻と２人で本を販売した。

倒産からわずか９カ月、真夏の８月の終わりだった。

「おいおい、なんだこりゃ！」

私と妻はその光景に目を疑った。

次から次へと本を買いにやってくる人々の群れ。隣の保育園の運動会のときくらいしか埋まったことがない駐車場が、満タンになった。

支援してくれた友人知人、見ず知らずのお客さん、元従業員、取引業者、地主さん、移動販売車のときにお世話になった県職員、ライバル会社の社員、お笑い芸人さん、わざわざ埼玉からやって来た大学の同級生もいた。本の編集長も東京から訪れ、「発売日前に増刷が決まりました！」との嬉しい知らせを届けてくれた。

用意した本はすぐに底をつき、買いに来た友人に金を渡して「山梨県中の本屋を回って本を買い占めてきてくれ！」とお願いする始末。

販売予定数量を予測できない商人はそもそも能力が低い。

訪れた人たちは本を買いにきたわけではなく、私に会いに来たのだと告げる。心配していたから元気（それがフリだとしても）な姿をひと目見たいと。

「お釣りなんかいらんよ」

「10冊くれ」

「差し入れ持ってきた」

「お前ギター売っちゃったんだって？　これ使えよ」とマーチンのフォークギターをくれた先輩もいた。やまとの真ん前に長年住み、毎日、買物に来てくれた先輩だった。

「本を読んだら居ても立ってても居られなくなって」と家から引き返してお金を渡してくれた高齢女性。店を出すときにお世話になった当時の議員さんだった。

本を買ってもらっても何もお返しするものがなかったので、手持ちの赤いスタッフジャンパーやエプロン、名入りの買物カゴ、白衣などをそれぞれにプレゼントした。店に残ったガムテープや鍋釜、ボールペンにショッピングカートまで無理やり持っていってもらった。


見知らぬ青年がやってきた。

「君はやまとのお客さん？」と聞くと、「僕は社長さんに高校を出してもらいました」と頭を下げた。そうか。教育委員時代の報酬を全額交通遺児の財団に寄付していたが、そのお金が回り回って青年の学費の足しになっていたのだ。

なんてことだ。ちょっとウルっときたが、冷静さを取り繕って本の代金をもらった。

「お釣りはいるかい？」と聞くと、「ちゃんとください！　それは別です」と言われた（笑）。

商品を定価で売れるなんてあたりまえのようだが、初めての経験だった。

用意された寄せ書きにはたくさんの人がメッセージを書き残していった。

「やまとの復活を望みます！」

「地域土着は断じて滅びず！」

一生の宝物になった。それができないことと知りつつも……。

2日間で合計400冊。やまとで行われる利益のない最後の商売は無事終了した。その帰り、疲れ果てた妻と2人で近くのバーミヤンに寄ってラーメンを食べた。久しぶりの外食だった。

「これだけじゃダメだろ?」と商人の血がさわぐ。

やまとの店先は、言うなればホームである。自分に有利な場所だけで満足しちゃいけない。今度、韮崎市の市民祭りがある。通りは歩行者天国となり、たくさんの市民が訪れる。そこへも自分が行って、「こうして店は潰れた」の看板の前で本を売ろう。やまととは関係のない人たちの前に身をさらそうと決めた。

場所を提供してくれたカフェの駐車場に、再び妻と本を並べた。

近くには露天商の店が並んでいる。ダンスチームや鼓笛隊の行進もある、賑やかなお祭りだ。かつては自分も鼓笛隊の先頭で指揮をとった旧甲州街道である。お祭りなのでビールや焼きそばは売れても、本を買う人などいない。予想どおり「何を売っているんだ?」と興味半分に覗く人はいても、買ってくれる人は少なかった。

「ああ、潰れたやまとの本か」とか、私を社長と知らずに「社長は夜逃げしたんじゃないの?」などと鼻で笑って通り過ぎていく。子供を連れた若いお母さんなど「あんな大人になっちゃダメよ!」と諭す。

それでいいのだ。売ろうと決めたのは自分である。こんなことをしなければ嫌なことなど聞かなくて済むことを承知の上で、売りに来たのだから。

ギターケースを背負った30代後半の男性が近づいてきた。お祭りのステージで歌でも唄うのだろう。本を買ってくれるのかと思い、「いろいろご迷惑をおかけしました」と妻とお辞儀をした途端、「あんた、やまとの社長か?　よく生きてられるな!」と唾を吐き捨てるように怒鳴っていった。いくら破産者だといっても沸点はある。

しかし本当の犯罪者になっては、親子二代で警察のお世話になってしまうと冷静になり、妻にも止められてその場はやり過ごした。

「お前の歌なんか誰が聴くか！」

地面に向かって吠えるのが精いっぱいだった。


国会議員や県議会議員、市議会議員などが地元のお祭りに顔を出し、有権者にあいさつして回るのは日本特有の風景だろう。地域の選挙を控えていたこの日も、すべての関係議員や行政の幹部の皆さんが通りを行ったり来たりしていた。私は気づかれないように風景と化し、「先生」たちの様子を観察していた。

空き店舗への出店や移動販売車の運行、避難訓練、生ゴミ処理機の設置、教育委員会関係者、被災時の食料供給協定など、とても関わりの深かった人々が、破産した私のことなどまったく見ることなく通り過ぎていく。中には明らかに私だと気づいて目をそらす先生や、睨みつけてきた商店主もいた。地域土着が聞いて呆れるが、倒産社長イコール犯罪者だと考えれば合点がいく。別に優しい言葉やなぐさめが欲しいのではない。

負けず嫌いの私は「あの目」を忘れない。知っていて素通りしたあいつの顔も絶対に忘れない。

本当はこの本は議員さんや行政職員に読んでほしいのだが、あまり読んでくれた形跡はない。もちろん読んでくれた方は承知しているし、役場の宿直室に「読め！」と書かれて置いてあることも知っている。ぜひ回し読みでいいので身銭を切って読んでほしいと願う。

そんな市民祭りの最中、私がいると知ってわざわざ会いにきてくれる方もいた。やまとの店先で本を売ったときに行けなかったからと、差し入れをくれる人もいる。命の恩人でもある商工会長も「頑張ってるね！」と声を掛けてくれた。市長さんもわざわざ戻ってきて応援してくれた。

駐車場の一角でライブを行っていたフォークソンググループは、即興で応援歌を歌ってくれた。やっぱりアウェーでも売ってよかった。25冊販売、在庫をたっぷり抱えることになる。私は「商売人」ではなかったが、「商人」としてのプライドは持ち続けたいと誓った。

地元メディアでの取り上げられ方

倒産社長が自ら書いた前著は、２０１８年の発刊以来、増刷を重ね６刷まで世に広まった。これでめでたく父親の前科４犯を越えることができ、親孝行ができたと自負している。蛇足だが、前章で父親と一緒にいた記憶がほとんどないと書いたのは、違法薬物使用の常習犯で長いこと刑務所のお世話になっていたことを意味する。地元では周知の事実である。まあ、どこの家庭にも問題はあるはずだ。

地域書店の応援、カフェでの販売など、地元の皆さんの多大なるご協力のもと、初版本は2018年の山梨県内書店ベストセラー1位となった。地元紙に毎週掲載されるランキングでも常に上位をキープし、山梨県内に限っては村上春樹氏や湊かなえ氏の上にやまとマンがいるという自分でも滑稽な状況にあった。

本の性格上、サイン会とか購入特典などの販促ができる状況ではないし、債権者の皆様に対する配慮から宣伝するのにも制限があった。自身のSNSでの告知が精いっぱいである。しかし出版社からの紹介で書評を書いてくれる方が相次ぎ、徐々に本の噂が広がっていく。見ず知らずの人が褒めてくれて全国に知れ渡った。

全国紙に紹介され、キー局のテレビ番組でも閉鎖した店舗とそれを惜しむ住民の声が放映された。「人の心はポイントカードや全国平均じゃ測れない！」の一文が高名な哲学者のコラムに掲載されたこともあった。

ネットに飛び火し、ヤフーニュースにも登場した。それは２０１４年の大雪のとき、店を閉めずに営業を続け、陸の孤島となった地域の食生活を守った後に「山梨のスーパーの棚に野菜が並んだ！」と書かれて以来のことである。

中にはもちろん厳しい書評もあったが、それも本を読んでくれたからこそのこと、グッとこらえて呑み込んだ。賛否両論あって当然である。会社を潰したバカ社長が、「あれもこれもしたのに地域は冷たいし、問屋の思惑で潰された」とも取れる内容なのだ。

ＳＮＳ上で「会社を潰して迷惑をかけた社長にカンパした人も同罪だ！」と書いた人がいた。絶対、やまとに来たことのない地域の人だ。普段はスルーを決め込む私も、これには黙っていられなかった。「俺のことはいくら批判してもいいが、支援者まで批判するのは許せない。そこだけは訂正してほしい！」とクレームをつけた。無視されておしまいだったが。

他のスーパーに転職した元やまとのパートさんにマイクを向け、「まだ給料をもらっていません」とのやりとりを放映したテレビ番組もあった。もちろん最優先で支払っていたことは言うまでもないが、収録した日にはまだ入金になっていなかったとのこと。もちろん誰にも間違いや勘違いはある。しかしこの番組づくりのベクトルはすべて「やまとは悪」だった。未払い給与を受け取っていたと主張する他のパートさんからのクレームもあり、後日番組内で訂正された。

謝罪してくれた女性アナウンサーにはなんの罪もない。かえって恐縮さえした。罪深きは、奥に控えて番組の指揮を取る視聴率重視の人物である。

あれほどテレビ番組に協力してきたのに、いざ倒産すればこの扱いか……。

倒産に限らず、同じ経験をした方も多いのではないだろうか？　理不尽な現実である。

前著は当事者である私が、長年の日記や録音記録、同席者の確認の上で書いた。いくら「表現の自由」とは言うものの、その上限は事実の範囲でなければいけない。もちろん独りよがりの解釈や願望も含まれているが、なんらクレームもいただいてない。「終わった人間の言うことなど放っておけ、すぐに消えるから」で済まされている。

高校の後輩が地元紙のウェブ新聞の編集長になり、私の独占インタビューを載せたいと依頼してきた。「俺のことなんか載せたら、上にいろいろ言われないか？　債権者の方も見るかもしれないし。それより本のことは全然取り上げられないし……」。

就任祝いの意味もあり、後輩の頼みに渋々応じた私は新聞社に出向き、インタビューに真摯に答えた。

計６回に渡って掲載されたその記事は、閲覧ランキングの上位を占め、最終回を迎えた日からしばらくベストテンの上位を独占した。

掲載が終わり落ち着いた頃「クレームや上司からのお小言はなかったか？」と後輩にたずねてみた。彼は「気にしない、気にしない。読者の関心があることを伝えるのが僕の役目です」と微笑んでいた。そして「新規契約者も増えました！」と。コスパの高い記事だったな、彼も潰れた店舗の店先で本を売ったときに買いに来てくれた仲間だ。

この後、地元紙の取材は一切受けていない、依頼もない。

それ以降は「やまと倒産から１年」の記事が掲載された程度で、本が売れていることは黙殺されて現在に至る。新聞に掲載予定だった書評が取り下げられたこともあった。不都合な真実を世に出したことが原因か、スポンサーへの忖度なのかわからないが、県内メディアは一切記事にすることはなかった。

生ゴミ処理機を導入したときとは大違いである。

「取扱注意」の称号をいただいたのかもしれない。

敵と味方と味方ヅラ

いろんな人がいる。

倒産してからも変わりなく声をかけてくれる人がほとんどである。私をこの世に残してくれた「味方」である。債権者から憎まれたり忌み嫌われたりすることは当然のことだと思うし、自分が逆の立場でもそう感じるだろう（直接言われたことはないが）。やまとの社長時代、私を嫌っていた人は倒産して溜飲を下げただろう。もういちいちやまとの反撃に気を揉む必要がなくなったのだから。「地域土着」は成り立たなくても、「地域密着」で生きていける。かつての「敵」はもういない。

私は、生き残った競合店や納品を止めた取引業者が潰れることを望むほどクズではない。ただ、最近そのうちの2社が業績不振で倒産したそうだ。

「やまとと取引を止めればそれ以上に仕入れてやる」と言われてそうしたものの、ハシゴを外されたと聞いた。商売とは本当に厳しいものである。

厄介なのは、味方のフリをして寄ってくる「味方ヅラ」の面々である。私なりに面倒を見てきたと思う人物や、やまとが支援を継続してきた団体など、倒産した瞬間に離れていく人が多かった。もう私と関わることにメリットがないと判断したからだろう。

設備機械の売却を頼んだ業者からは、持ち出して以降、連絡もない。ＳＮＳをブロックされるのは慣れっこだし、どこから聞いたかわからない根も葉もない噂を広げる輩もいた。

やまとがもうスポンサーにならないと知ると、あいさつをしても無視する地元で有名なＮＰＯ団体。「あいつとは関わらないほうがいい」と言って回る、商工団体の長。たいがい、直接会ってもそんなそぶりは見せない。かえって「いつも応援しています。お役に立てることがあったらなんでも言ってください」と近づいてくる。

この本なんか絶対読んでいないだろう。

話題になるうちが華とも言うので、飲み屋で酒の肴にされるのは別に構わない。どんどん言いたいことを言って、地元でおいしい酒を飲んでもらいたい。ただし、私の「地域土着シンジケート」から逐一報告が入るので要注意だ。

これ以上ない人生の断捨離をしたのだから、いままでのようなわけにはいくまい。

地域のために、従業員のためにと自分や家族のことは後回しにして命がけで飛び回っても、いざ潰れたとなればすべての資産は召し上げられ、やれ人間失格だの、詐欺師、泥棒扱いである。生まれた土地でその後も生きていくことさえ難しい。そしてなんの関わりもない人からの批判に見舞われ、自分の人生そのものが全否定される。憐れみと嘲笑に耐えながら生活費の心配をする日々。「こりゃ、死んだほうがマシ」と考えるのは当然である。

破産とはそういうものだが、自分勝手な負け惜しみは対岸には届かない。心の筋肉は相当鍛えられるが、決してお勧めしない人生である。

倒産したあなたの話を聞いてみたい

本を出してから、さまざまなところからご依頼をいただき、お話をさせてもらう機会が増えた。重要な収入源だ。人数や会場がどうあれ、誰に呼ばれたかに関係なく、時間いっぱい（ほとんど超過）包み隠さず精いっぱい話すと決めている。

倒産社長の話だからといって、湿っぽい話は誰も好まない。いつでも笑顔で終わりたい。聞いてくれた人の中にひとりでも「もうちょっと頑張ってみるか！」と思ってくれた人がいれば本望である。

山梨では私の存在はもう消えているが、それでも講演を依頼してくれる方がいる。

債権者に対する思いもあり、なるべく地元では話さないようにしているが、「頼まれたら断らない」私は、賛否両論の声に負けない依頼主の英断に応えるためにも、気合いを入れて出向く。珍しさや話のネタにしたいのかはわからないが、県内ではどこも会場が満員となり、立ち見が出る。もともと会場が狭いこともあるが。

やまとの歴史や倒産の経緯をみんな知っている地元では、甲州弁丸出しでいきなり本題に入ることができる。本には書けないことや実名もバンバン出る。生きるや死ぬやの思いをした自分の話を聴いて、参加者は腹を抱えて笑っている。それでいい、今はそれが自分の天職なのだから。

買ってくれた本にサインが欲しいと差し出す人も多い。作家でもない私だが、裏表紙に楷書で日付と名前を書かせていただく。署名は連帯保証人で慣れているし、サイン本は中古本屋に出しにくい。

商工会議所や法人会などの経済団体、民間企業、高齢者団体、各種勉強会など、依頼は多岐に及ぶ。

金融機関からも頼まれることが多いのが不思議である。融資先に言いづらいことを、代わりに私から言ってほしいのかもしれない。「金融機関があなたの会社を潰しにかかることはありませんよ」と。これは真実、いつも言う。

ただ、ほとんど「こうして店は潰れた!」という演題を変えてほしいと言われる。そりゃそうだ。新春記念講演会でそんな縁起の悪い話は聞きたくない。そんなときは自由に演題を変えてもらう。ただし、話の中身はまったく変わらない。

先日、久しぶりに高校で話す機会があった。県の教育委員長をしていた頃はどこへ行っても来賓扱いで、いろんな学校で偉そうに話をしてきた。自己破産してからはまったく依頼はなくなったが、人づてに頼まれたその夜は定時制高校の授業だった。「日陰者の自分を呼んでくれるのは日が暮れてからの学校だけか」などと思いつつ生徒の前に立った。

破産者として壇上の演台を生徒と同じフロアに降ろしてもらい「失敗しても、誰から認められなくてもいいから諦めるんじゃないぞ!」と話した。

定時制の生徒たちのほとんどは昼間アルバイトをしていて、眠い目をこすって学びにくる。せめて高校くらいは、と親に言われて通っている子もいる。家庭に問題のある子や片親家庭も多いらしい。先生に言わせると「生徒たちはおとなしい、無関心、希望を失いかけている」とのことだ。

そして授業中はほとんどウトウトしているが、注意することはできない。成功者の話を聴かせて「夢は必ず叶う！」と説いても、この子たちの心には響かないだろう。夢が叶わなかった多くの人たちの受け皿がないから、子どもでも大人でも心が折れてしまうのかもしれない。

「こんばんは！　例の潰れたやまとのおっちゃんです」

学校の近くにもやまとの店舗があったせいか、子どもたちは「あっ！」と指を差しながら一斉に顔を上げた。

話の中身は割愛するが、子どもたちは居眠りすることもなく私の話に耳を傾けてくれた。先生たちは教室の後ろに整列し、元教育委員長に万雷の拍手。

その後すぐ、授業を聴いた女の子からメッセージが届いた。

「私は生きてることがつらくて、いつも死んでしまいたいと思っていました。でも、今夜社長さんの話を聞いてもう少しだけ頑張ってみようと決めました」

生き恥をさらし、「それでもなんとかなるから！」と言い切る私の姿に何かを感じたのかもしれない。この子はもう大丈夫。これも陽の当たらない社会の一面である。

商業関係者の前で話すときは一段とシビアな雰囲気になる。全国各地で話を聴きにくる中小企業経営者は、例外なく将来への不安や資金繰りに悩み、倒産は人ごとではないと感じているからだ。目を見ればわかる。そうでない人は来賓か相当現預金を持っている経営者だろう。

しかし、本当に切羽詰まった人は講演会やセミナーなどに参加する元気はないのだ。私はそんな人にこそ経験を伝えたいがそれは叶わない。

若い経営者の前で話すときは、少し兄貴気分で偉そうに話す。ここら辺が鼻につくところかもしれない。

これから社会を担っていく彼らは、ときに時代の流れについていけず、安易に他業種への転換や効率重視の経営に舵を取り、先代と衝突する。仲間は社内にはおらず、所属団体に求める。銀行に行っても金を貸してもらえるはずもなく、不平不満とライバルの活躍にヤキモチを焼くばかり……。まるでかつての自分を見ているようである。

最後は自分で決断しなければならない。いくら勉強しても、いくら相談しても、誰も責任は取ってくれない。私のようにすべてを失うのが嫌なら、いまできることは無限にあるはずだ。さあ動こう！　恥ずかしいことなんて何もない。恥ずかしいのは考え過ぎて動かないことだ。他人は君のことなんか、知ったこっちゃない。どうせいろいろ言われるんだから、やるだけやってみようじゃないか。

「悔しい、恥ずかしい、面倒くさい、格好悪い、みじめだ……」それを乗り越えたとき、自分の会社と住む家が残ることを教えてあげたい。

どこの地域でも、一昔前にあったような、形だけ講演を聴いてその後の懇親会がメインのようなやっつけイベントはまったくない。終了後「折り入ってご相談が……」と、個人的に生き残り策を聞いてくる方も多い。現実とはこのことである。

別に私は抜け道や必殺技を伝授できるわけではない。「潰れたらこうなりますよ、だからなんとか生き延びてください！」と諭すのが精いっぱいである。それでも相談者は少し肩の荷が下りたように安堵の表情を見せる。

そう、孤独ですべてを背負った経営者は、誰も相談する相手がいないのだ。泣き言を聞いてくれる人もいない。私も同じ境遇だった。あなたにはすべてを話せる相手がいるだろうか？

側近の管理職、税理士、弁護士、金融機関の担当者、所属団体の長、同業者……。

友人は除いたほうがいい、慰めてはくれるが連帯保証は頼めない。

悲しいかな「味方ヅラ」や、悪気はないがやる気を削ぐ「ドリームキラー」も登場してくる。悪徳コンサルタントや頻繁にダイレクトメールを送ってくるM&A仲介業者は、絶対に避けるべきだ。さて、イザというとき自分は誰に相談できるのか、一度冷静に考えてみてほしい。

債権者集会後も迫ってくる取り立ての刃

破産手続きの間、いちばん嫌だったことを書く。

「借りたものは返すのがあたりまえだ！」

当然のことである、経営者でもあった私もあなたと同じくらい理解している。

返済しようと生命保険の証書を見つめて、「死んでお詫びができるものなら……」と悩んだが、その前に銀行から言われ、その保険を解約して返戻金を支払いに充てた。その時点で無保険の私は死んでお詫びすることは不可能になった。

倒産社長は生きていれば「死んで詫びろ！」と言われ、死ねば「死んでお詫びができるか！」と叱責される。

第1回の債権者集会が混乱もなく終了し、家族も少しホッとしていた頃、私を精神科に送り込んだ卸問屋がやってきた。倒産してすぐさま取引の担保として差し出していた1億円以上の商品在庫や什器備品、会員権や出資金を放棄してくれた恩義のある大会社である。

「商品在庫等は債権放棄しましたが、自己破産した社長以外の連帯保証人は家を売ってでも金を返してください」と、私以外の保証人である妻、母、妹、親族ではない役員2名に対して債務履行を申し入れてきた。もちろん債権者にしてみれば当然の行為である。理解できないほど世間知らずではない。

「このとおり公正証書にもしてある。親族以外の社員を連帯保証人にすることは法的に望ましくないことは知っていたが、それを承知で納品をしてくれと社長が嘆願した書面も取ってある」と会社の命を受けた密使が迫る。

上場企業である彼らは、さまざまな取り決めの際、必ず書面にして会社と社長である私の署名捺印を求めた。そして公正証書として法的に効力のあるものにしていた。契約書の重みや公正証書の信頼性は百も承知である。

皆さんには非難されるかもしれないが、「いまこの書面に判子を押さないと、商品は納品しないぞ！」と言われる立場に立ったら、誰でも判子を押すだろう。断れば「即死」なのだから。そのときの録音を聴いても場面がハッキリ蘇る。

「本当はこんな書面（家族や役員全員の連帯保証）を取っちゃいけないんですけどね……」

過去に訪れた問屋のベテラン社員は、そう呟きながら押印された書面を持ち帰った。

それがどうした方針転換か？　放棄した担保は諦めるが、やっぱりその分は連帯保証人が家を売ってでも返済しろと牙を剝いてきたのだ。手のひら返しじゃないか！

それなら現物の担保を換金したほうがよっぽど早くて確実だったのに、なんで第1回の債権者集会が無事に済んだこの時期を待って、一文なしの家族に無理難題を押し付けてくるのか？

電気も水道も止まったやまとの社長室で、密使は妻、母、妹に激しく迫った（あえて言えば、この要求自体、法的に拒否できないことを私は理解している）。

本来私は利益相反者として、そこにいてはいけないのだが、女性3人を矢面に立たせるのが心配で、意見を述べないことを条件に同席させてもらった。しかし我慢できず思い余って声を荒げた。

「なんて汚いんだ！　商品在庫や備品を売れば換金するのも楽だったのに、それをしないで全部放棄した上で、この要求を公表されないように債権者集会が終わるのを待って取り立てに来るなんて！」

「どう取られるかはそちらの自由です。私は会社からの指示で来ているだけで、債権者として当然の権利を主張しています」と密使。

妹と同居していて呼び出された母は、「もう債務はないと聞いていたのに、住む家を取られる……」との恐怖に、社長室から悪い脚をひきずって出て行ってしまった。転職も決まり新たな人生を歩み始めていた妹は、会社で事務を取っていたので、相手のことはよく知っていた。「この書類に判子を押さないと納品を止める！　と言われて兄は押印したんですよね！　いくら公正証書にしてあるからってひど過ぎます！」

まあ、密使として破綻した取引先に「金を払え！」と伝えにくる仕事を仰せつかった担当者には同情もした。公正証書とはそれだけ重みがあるものだ。どんな理由があれ、その契約は尊重される。裁判したってその判決は明らかである。

仕事にはノータッチだった妻は、その密使が帰ったあと体調を崩し、その足でまた心療内科に向かった。ＰＴＳＤの診断が下り、また倒産時に戻って国民健康保険のお世話になることとなった。

そして密使への同情も消えた……。

コンプライアンス（法令遵守）を標榜している会社であれば、その取り立て方も問題である。越えてはいけない一線がある。

それから1年後、裁判所を通じて彼らは公正証書でもある連帯保証人契約を「破棄」した。そしてやまとの管理担当だった本社の重役は社長に昇格、当時のやまととのやりとりを知る支店関係者はすべて異動となった。

最後にひとこと言っておきたい。

「寛大なご決断に、心より感謝申し上げる」

第8章
なぜ会社は潰れるのか？倒産社長の悔恨とメッセージ

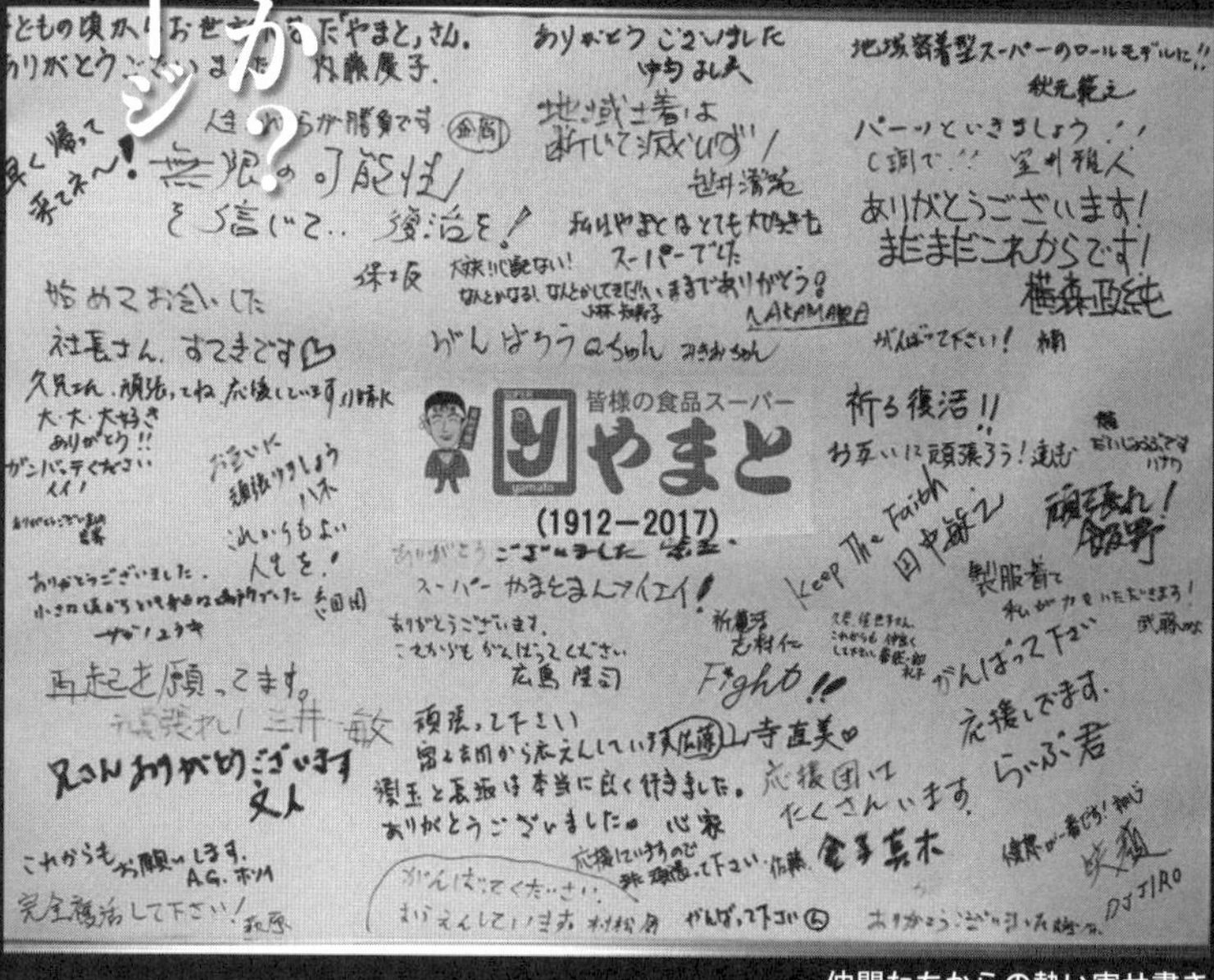

仲間たちからの熱い寄せ書き

やまとが潰れた5つの理由

さて、倒産してから慌ただしい日々を過ごしてきたが、時間の経過と共に冷静になって考えてみると、当時は気づかなかったものが見えてくる。

なぜ、100年以上続いた「地域土着スーパーやまと」は潰れてしまったのか。「5つの理由」を挙げて検証してみたい。ビジネス書でよく見るパターンだが、これは専門家の意見ではなく、会社を潰した経営者本人の分析である。

先代から1億5000万円の大赤字を引き継ぎ2年で黒字化した後、私が社長になってからの経営に対して、言い訳がましいことはなるべく抜きで第三者の視点で考えてみる。

第1に、営業方針や人事管理、資金繰り等社長がすべてを担い、部下に任せなかったこと。対外的にも同業他社とは歩調を合わせず、反感を買ったこと。そのため社長が裸の王様となり第三者の進言に耳を貸さず、重要な情報が入らなかったことである。

私は人に任せることが嫌いなわけではない。朝の仕入れから夜のレジ締めまで、従業員はみんな身を粉にして働いている。そのため余計な負担はかけたくないという安易な思いから、売り場以外の仕事は自分でやろうと決めた。

「ここに店を出す、こんな販促をする、こんな人事にする」

周りの意見は聞くが、社長の意見には反論も出ない。なまじっか成功することも多かったので、自分のアイデアは常に的を射ていると勘違いが始まり、実利に結びつかない販促も目立った。

現場スタッフもギリギリの人数で回していたため、数多いイベントやチラシ広告についていけず次第に疲弊していく。私自身、社長になってからの15年間は年に10日にも満たない休日で走り続け、最後には精神科のお世話にもなった。

組織や人材育成は、一朝一夕でできるものではない。景気のいい時代ならともかく、厳しくなればすぐ崩れていく。経営は短距離走ではなく、終わりのない駅伝のようなものだ。私のように区間新記録ばかり狙っては駄目なのである。

メディアで同業他社の記事を見るたび、負けず嫌いの血が騒ぐ。「地域のためならなんでもやる、彼らの真逆を行く！」と心に決め、群れることを嫌い、業界団体にも属さなかった。

仕入れを支える「取引業者協力会」もつくらなければ、「経営方針発表会」もやらない。

レジ袋有料化など、足並みを揃えるどころか勝手に走り出し、さも他のスーパーが悪者のように演出して追随を煽る。これでは、ある意味同じ船に乗っているとも言える同業者の反感を買うのは当然である。

おまけに県内スーパーでは一番若い40代社長で、「社長の安否は新聞で確認できる」と揶揄される。これではイザというとき助けてくれる人がいるはずがない。スーパーやまとの一番の売りは店舗の商品ではなく、社長個人のキャラクターだった。潰れて当然の店である。

第2に、地域貢献の旗の下、大手なら手を出さないことまで実行したが、話題にはなっても地域の消費者の購買を担保するものではなかったこと。

「地域土着」などと格好をつけ、メディア受けすることを次々と実行する。「環境問題を牽引してやる！」と意気込んで、家庭生ゴミにお駄賃をつけて回収したり、古新聞・古雑誌、古着や廃油、空ペットボトルやアルミ缶を回収換金して寄付。移動販売もするし、空き店舗にも出店していく。店が潰れたと聞けば、そこに乗り込み居抜きで継続。ホームレスも雇用するし、困窮家庭への食品提供の窓口にもなる。暴力団の抗争事件の最中に、甲府市中心街に補助金ももらわず出店し、挙げ句の果てには「不肖の父」に反して最年少で山梨県の教育委員長様に納まる。これをメディアが放っておくはずがない。地方紙・地方局はじめ、全国の新聞やテレビでやまとの活動が紹介され、ドラマやCM、映画ロケでもやまとは頻繁に利用された。

人に「あんたは憎まれはしないが、やっかまれるから気をつけろ！」と言われた。そしてたくさんの人から「選挙目当ての行動だ」とも……。

こうして列挙したもののほとんどは、民間企業は採算が合わないために手を出さない。本来、行政の仕事であるからだ。「頼まれたら断らない」ではなく、「頼まれたらうまく断る」のがふつうの経営者である。管轄外のことに協力して、大切な従業員の生活を脅かす事態になることだけは絶対に避けなければならない。

「きっとお客さんは見ていてくれる。迷ったときにはやまとに買いに来てくれる。すべて赤字のピンチからやまとを救ってくれた地域への恩返しなのだから！」

その結果といえば……。商品力の弱いやまとのお客さんは高齢者が中心で、競合店が少ない店舗（他に店がない）の利益で他の競合の激しい店の赤字を埋める状態が続いた。地域貢献やメディアへの露出は、一時的な売上アップにはなっても、長くは続かない。恩義だけで買いに来てくれる人は少ない。

時代は昭和ではない。近所に安い店やこだわりの店、便利な商業施設はたくさんある。こんなことばかりしている社長は失格。従業員がかわいそうだ。倒産は必然！


第3に、社内に財務の専門家を置かず、日銭商売のやり繰りに甘えて抜本的な改革が遅れたこと。


「下手な男より女のほうが役に立つ」。そんな言葉を耳にすることもある。

やまとの本部には、会議と商談時を除いて男性は私だけしかいなかった。来訪者にいつも指摘され、そこでこの言葉が登場する。やまとの男性幹部社員はすべて複数の部門の責任者であり、各店を巡回して指導するスーパーバイザーでもあった。その負担と貢献度はとても大きなものだったといまさらながら感謝する。

私も毎日店舗を巡回していたので、留守のことが多かった。総務は実の妹に任せ、経理も契約社員の女性が日々入力作業をしていた。事務処理も3名の女性社員、残りはチラシ制作の女性パート3名。ほとんどの来客にお茶出しはさせず、仕事に専念してもらう。そのため社長室には自分で買った小さい缶コーヒーの箱が常備されていた。早く飲み終わるし、そのまま持ち帰ってもらえるからだ。今でも常温の微糖缶コーヒーが好きなのは、その名残りである。

彼女たちは完全週休二日制、残業なし。朝9時に本部が開き、午後5時には施錠される。その後は静かな本部で私が夜まで次のアイデアに知恵を絞る。このメンバーで、最盛期年商64億円の事務作業を回していた。


入力の済んだ会計帳簿を翌月顧問税理士に見てもらい、営業成績が確定する。私が見るのは「売上高・利益率・利益額・最終利益額」、この程度だった。どんぶり勘定でも社長にとっては最終利益額だけが重要であり、店舗別や野菜や魚などの部門別成績はすべて担当責任者に任せていた。

調子のいい時期はこれでもいいが、いったん業績が落ち出すと、何が原因なのか、どうすればいいのか、何から始めたらいいのかがわからない。

やまとはポイントカードの分析もしていなかったし、ボランタリーチェーンの傘下でもなければ、日頃お世話になっているコンサルタントもいない。ええ格好しいの社長は弱みを見せたくないので、人には相談しないのだ。

これでは決断が遅れるのも当然である。売上は加速度を増して降下していく。先代から付き合いのあったメインバンクの地銀とは、経営改善時の「振り子返し」として融資を他の金融機関にすべて借り換えてしまった。

困った社長は信用金庫に駆け込み、信用保証協会の枠を目いっぱいまで使って当座の運転資金を確保する。月末の支払いに困るときは、その日に合わせて激安のチラシを打って現金を確保するなど、絵に描いたような「自転車操業」である。何が「大丈夫、心配ない、なんとかなる！」だ。偉そうに言っても神風なんか吹かない。すぐに資金が枯渇して潰れるのがオチだ。

「大丈夫、心配ない、なんともならないから！」

第4に、代替わりの逆境から復活した成功体験（赤字の店舗の閉鎖、経費や仕入れの見直し）が、現在でも通用すると信じてしまったこと。

大赤字で先代から経営を（無理やり）引き継いだとき、私は「なんとかしなければ会社が潰れてしまう」という恐怖心からさまざまな改革を試みた。

メインバンクを変更、メインの仕入れ問屋も変更、わがままだった親戚縁者はすべて解雇。チラシも自社でつくり、折り込み会社には「たくさん入れるのだから安くしろ！」と迫った。家賃も大家さんに頼んで値引きしてもらった。乾いた雑巾をこれでもかと絞るように、ムダな経費を削っていった。

赤字の店舗は残されたお客さんのことなど考えることなく閉鎖していき、贖罪の気持ちからその後の採算の合わない移動販売車や空き店舗への出店に繋がっていく。

その結果、当時のやまとが見事復活したことも事実なのだが……。


時代はもう昭和ではない。平成を通り越して令和である。街に残る昭和の店は、ジーンズで言えば「ヴィンテージ」ではなく、効率の悪い「ダメージ」仕様なのだ。

いまは欲しい商品は、顧客の選んだ店や方法でいくらでも簡単に手に入るようになった。衣料や食品・家庭雑貨や医薬品などの大手チェーンは日本中に展開し、畑しかなかった郊外には要塞のような巨大ショッピングモールが乱立している。アマゾンで頼んだ本は翌日には届くし、コンビニエンスストアはすでに「国策においてもなくてはならないインフラ」にまで成長した。すべてのサービス産業が過当競争を消費者に危惧されるほど店舗数を増やしていく。

「こんなにスーツ買うのか？　こんなに薬や化粧品を使う？　そんなに外食しないだろ？　マッサージには困らない、床屋も安いし早い！　なんだこの商品、１００円で買えるのか。いままでの値段はなんだったんだ！」

規模や価格にとどまらず、接客や顧客データに基づく販促も武器にして大手企業は攻めてくる。最近まで出店を阻止してきた田舎の商店街など、隣町にライバルが出ただけでもすぐに経営は傾く。上っ面だけの「地域土着」スーパーは、その標的にされなくてもジリ貧になるのは明らかである。

解決策といえば、自ら申し出て大手企業の傘下に入る、採算割れの店舗はすぐに閉鎖した後、早めに自主廃業の道を探るなどが賢明なのだろうが、私の選んだ道は過去の成功体験の焼き直しとも言える「赤字店舗の閉鎖と経費の削減」だった。出店して起死回生を狙うことができない状態ではそれしか選択肢がなかった（人に聞けばその他の解決策もあったのかもしれないが）。そして回復半ばにして資金が途切れてしまった。

決断の遅い、その場しのぎの経営をしているような会社の末路は倒産しかない。

そして最後として第5、リスケや支払い遅延から生じた信用不安を大手問屋が認めなかったこと。その結果、納品停止を予測できなかったことである。

売掛金が残っている先が潰れてしまっては、問屋は甚大な損害を受ける。家族的で親子何代にもわたる取引も、しっかり代金を払った上で初めて成り立つものである。

経営改善にあたり、私と指導にあたった専門家は資金繰りをつなぐために、銀行借入金に対する元本返済の猶予を取り付けることができたが、それだけではおぼつかなかったため、当時最大の仕入れ先だった食品問屋にも支払いの猶予（サイトの延長）を依頼して認めてもらっていた。まことに感謝すべき対応だったが、ここから信用不安が生じ始めた。倒産時、納品を止めた酒問屋は保証金から売掛金をすべて回収し、残額は裁判所が没収した。ちなみその食品問屋とは共に株式を持ち合う繋がりの深い間柄だった。上場会社の連携は怖い。問屋の考え方も時間の経過や担当者の交代により変化する。そしてどうあれ、このことは人に伝わる結果となる。

信用調査会社が頻繁に訪れ、私の気持ちも萎えていく。社員に動揺が広がり、他の取引業者からも私以外の幹部社員に問い合わせがくる。直接社長には聞きづらいことでもある。会社の数字を把握していた私は、改革途中のよくある話だと承知していたが、他の取引先から新たな保証金の追加や仕入れ金額の制限、取引の終了などの申し入れが続いた。そして予期せぬ納品停止を迎えることになる。

商品がなければ、それを売って翌日支払う「自転車操業」さえできなくなる。

「周りからの情報が入らない、問屋の身にもなれない、会社の危機を予測できない社長の店は納品が止められても当然だ！」

その日の売上で翌日の支払いをやり繰りするような会社が、お世話になっている問屋に対して逆恨みするなど言語道断、潰れて然り！

以上、ご理解いただけただろうか？

いずれも、ビジネス書にもしっかり書いてある「ヒト・モノ・カネ」すべての分野で危機管理能力が欠如している。

こうしてみると「典型的なバカ社長」とご批判を受けるのもよくわかる。

甘やかされて育った跡取り社長は、拙速に変化と結果ばかりを求め、一度失ったら取り戻すことのできない信用や実績をいとも簡単に換金してしまう。

前著で「ちゃんと潰れた理由を書け！」とお叱りを受けたが、自分なりに力不足は痛感している。

多くの経営者からのSOS

「うちの店も厳しいんです、大きな決断をしなければなりません……」

経営が厳しい状況の方から直接相談を受けることも多い。相談できる人がいないまま、袋小路に入り込んで身動きが取れなくなる。そんなときは、私なりのアドバイスをする。

私はその筋の専門家ではないし、その資格もないので生業にはできない。もちろん破産処理は弁護士や税理士など資格を持った専門家の力を借りなければできないし、それ以外の解決策は夜逃げか自殺しかない。しかし専門家とは違い、私の立ち位置は完全に相談者と同じ側である。

専門家に聞けばこう言われる。

「なぜもっと早く相談しなかったのですか？」

「なぜこのことを隠していたんですか？」

「金融機関に相談しましょう、いますぐ！」

お先真っ暗である。

そんなとき、私のもとに連絡がくる。

「八方塞がりです、どうしたらいいかわからない」

私は「大丈夫ですよ、命までは取られません。経緯を聞かせてください、できることはあります。打つ手は無限ですよ！」と自分の経験から、落としどころを聞いた上ですべきこと、してはいけないことを教える。そしてその手順もアドバイスする。まだ見ぬ世界は誰でも怖いものだ。経験者の話が役立つことも多い。

地域に支持される商店を長年経営してきたが、残念ながら倒産の道を選択した社長夫妻とは、頻繁にやりとりをした。

住んでいる家を手放せない事情があったので、なんとか残せる方法を一緒に考えた。在庫処分の仕方や弁護士や裁判所とのやりとりで注意すべきことを、自分の経験から話した。決断してからは筆舌に尽くしがたいご苦労をされただろうが、ことあるごとに「次はこんなふうになりますから大丈夫です」「その次はこう進んでいきますよ。大丈夫です！」「債権者集会はこういう感じです、大丈夫です！」と道先案内をした。

法的処理が終わったいままでは、ご夫妻とも他の会社で働き、幸せに自宅で暮らしていると聞いた。ご夫妻は債権者の皆様にご迷惑をかけたことを忘れることはない。

かたや、歓迎できない相談もある。

「小林さん、うちの会社がヤバいんすよ。今月末に潰そうと思ってるんですけど、うまく金を残す方法とか教えてください！」

知るか、そんなの！

まったくもって勝手にすればいい相談だったが、お人好しの私は彼の会社に出向いて話を聞き、破産手続きの手順を教えた。

「債権者集会ってどうですか、怖いですか？　下向いてれば終わりますか？」

またもや怒りが湧くセリフ。

会社の備品はすでに転売して換金しているらしく、ガランとしていた。聞けばカードローン会社やその他からの借り入れもあるようだった。

それでもと思い、知り合いの弁護士に相談する段取りをしたが、別の安い弁護士を見つけたとかでそれもドタキャン。弁護士からの通告で督促の電話がなくなったと喜んでいた。預金通帳と金の出入りはすべて正直に申告しないと免責が受けられないことや、クレジットカードは使えなくなるのでデビットカードのつくり方を教えた。

負債額は1億円を下回っていたが「ほとんど銀行だからいいっすよね？」と笑う。金融機関に返済猶予のお願いもせずいきなり倒産。これまたダメである。私が言っても叱られるが、破産者として未熟とも言える。

私は最後まで頑張って、やるべきことをやった上での倒産ならまだ手を貸したいと思う。もちろん彼なりに精いっぱい解決策を探ったのは間違いないだろう。

認めて、反省して、謝罪して、最低の生活費以外は資産債権者に弁済する。その意思を管財人や裁判所がちゃんと認めてはじめて、もう一度社会人としてやり直すチャンスを与えようとするのが「破産法」に定められた自己破産である。

そのときの彼は、まだ落ちるところまで落ちてはいないと私は感じた。

数カ月後、彼は10キロ痩せて私の前に現われた。顔つきも変わっていた。

債権者集会には誰も来なかった。そしてその場で破産手続きが終了したという。

「俺、就職も決まりました。その節はお世話になりました。また一から出直します！」

何があったかは知らないが、きっと違う景色を見たに違いない。危なっかしいヤツだが見守るつもりだ。


ある日、個人で設備会社を経営する社長からSOSが入る。引っ越すときにトラックとともに駆けつけてくれた同級生だ。

「下請けの仕事も減って、借金どころか自分の給料さえ出ない。年老いた母親もいるし、子供も大学を卒業したから、そろそろ潮時だと思う。変なことばかり考えて、夜も眠れない……」

人当たりはいいが、自己主張や人との交渉が苦手な性格。儲からない仕事でも、頼まれると休みを返上して安請け合いしてしまう。あなたの周りにもいそうな、いい社長さんだ。

「会社を清算してゼロから再起する覚悟があるのか？　こうやって住む家も失うし、年齢的にも仕事が見つかるかどうかわからないぞ」と私が聞くと、「残りの人生を借金返済のためだけに働くのはつらい。女房も身体が弱くて働けないし、今日、明日潰れるわけではないが、毎月末を乗り切るのが生き地獄だ……」とため息をつく彼。

税理士に相談してるのか？　と尋ねると、「偉い先生らしくて、いつ連絡しても不在で、夕方5時以降は留守電に飛ばされるし、担当の若いスタッフに言っても埒が明かない」。あらあら。

「弁護士や税理士は偉くなくてもいいから、24時間携帯電話に連絡できるような関係でなきゃダメさ！」

自分の経験からそう言ったが、いまさら変えられるタイミングではない。

直近3年分の決算書を見せてもらい、彼の会社の窮状を知った。帳簿より金の流れを見て、破産申請に十分な経営状態だと判断した。いくら赤字が続いたとしても、手元にキャッシュがあれば絶対に会社は潰れない。黒字倒産だったやまとは真逆のサンプルである。

すぐさま私は彼と税理士のもとを訪れて、より密接な指導のお願いと現状分析のすり合わせをした。私の立場は彼の会社の役員候補である。破産しても法人の役員にはなれる。

まあその前に私の身元はバレバレなのだが。

　整然とした事務所の部屋で、社長である彼は終始うつむいていた。

「すべては社長の判断です。会計事務所はそれに従って対応します。金融機関との調整の道もあります。もちろん資料はつくりますが。融資やリスケ（返済猶予）のお願いは社長のほうでお願いします」と教科書どおりの答えが返ってきた。

「無理だ、彼のキャパを越えている」と感じた私はときを置かず、彼を引き連れ旧知の弁護士に相談に行った。人情味に溢れるやり手の弁護士である。


「社長、まだまだ落ち込むことはないよ！　決算書は傷んでるけど、借り入れも過大じゃない。やる気さえあれば持ちこたえることができるんじゃないかな。下請けの仕事ばかりじゃなく、社長の人づきあいの良さを前面に出して、修繕やリフォームにシフトしていけば生き残れる」と弁護士の意見。

　みるみる社長の顔に赤みが差してくる。

「専門の弁護士先生がそう言ってくれるなら、もう少しだけ頑張ってみようかな。ダメになったらそのときまた考えればいいよな！」と笑顔の彼。

ちなみに弁護士は法律の専門家ではあるが、経営の専門家ではない。しかし暗闇の中に差すこの一筋の光が、追い込まれた経営者の命を救うことになるのだ。

「リスケや金融機関対応は小林さんの得意分野でしょ?」とその弁護士が目配せする。私は税理士の指導の下、彼を県の「中小企業再生支援協議会」に向かわせ、取り急ぎのリスケ獲得のために「経営再建計画書」の作成にかかった。この計画書作成は有資格者（税理士等の専門家）に限られ、結構な費用が掛かる。補助金が出るが、計画書提出をしてから後日振り込まれることもあって、余裕のない会社が費用を捻出するのも大変である。

その後すぐに彼と税理士が計画書の検討に入った。彼の意見はすべて私の考えを反映するものだった。

計画書をもとに取引銀行（彼の会社の場合は3行のみ）を集めて、いわゆる「バンクミーティング」が開催された。参加者は協議会の担当者数名と金融機関、こちら側は社長と顧問税理士、そして取締役（風）の私。やまとのバンクミーティング会場と同じだったのは、奇妙な縁だ。

社長である同級生は、練りに練ったその再建計画を淡々と説明していく。同情を誘ったり、説得力を感じさせる演技力を彼は持ち合わせていない。いわゆる「絵に描いた餅」を信用してもらうスキルも必要なのだ。加えてよほど紛糾でもしない限り、助け船を出す税理士の発言の機会はない。なぜならその会議はあくまで社長個人が金融機関に対して無理なお願いをするものだからである。

説明が終わり、金融機関からの質問が相次ぐ。想定以外の質問や要請にも、その場で社長が答えなければならない。「持ち帰って検討します」は禁句である。

「その計画の実現可能性は？」

「見込み予定工事の契約書はあるのか？」

「それでいつから返済開始するつもりか？」

金融機関の担当者は、聞くのが仕事で来ている。悪気はないはずだが、決して優しくはない。

まじめな社長は質問の一つひとつに精いっぱい答えていった。それでも、計画達成に100%の根拠などない。「頑張ります！」は通じない。

質問が途切れ、しばしの沈黙がその場の空気をピリッとさせる。

隣に座っていた私は手を挙げて「ひと言申し上げてよろしいでしょうか？」と座長に頼んだ。「どうぞ」と座長。

「この計画書は、数字が苦手な社長が精いっぱいつくった血の通ったものです。ご覧のとおりまじめ一辺倒で、銀行の皆さまには不安な点もあると思います。しかし、責任を持って私が社長に寄り添いますので、何とぞ計画書のご承認をお願いいたします」

そう言って社長と共に深く頭を下げた。私が彼と同じ立場だったとき、隣に座った私の税理士の言葉をここで使わせてもらった。

会議は「それでは皆さん、そういう方向で！」という座長の進行で終了した。

座長は私の幼なじみだった。田舎にはよくある光景だ。

数日後、全金融機関から経営改善計画書とそれに基づくリスケの承認（応諾という）が決定した。私が何も言わなくても承認は下りたと思うが。

彼の会社は複数年にわたる返済猶予が認められ、計画書に準じていまも経営再建中である。少しずつ経営も上向き、一部の返済も再開し始めた。

「ありがとうね、恩に着るよ！」

「困ったときはお互いさまだ、いいなぁ、生き延びたな。俺なんか向こう岸の人間だ（笑）」

取締役風だった私は、報酬なしの取締役として登記された。税理士にはうとまれそうだが、言ってしまった以上寄り添わなければならない。責任は重い。

生き残りを懸ける中小企業経営者の皆さんへ

2020年。その幕開けとともに、誰もが予想しなかった「新型コロナウイルス」の世界的な感染拡大により、大企業から中小・零細企業、個人事業主に至るまで「すべての業種」に多大な影響が及んでいる。「戦時中のようだ」という表現もあながち外れてはいない。そしてそれは終わりが見えない。

私も皆さんと同じく、医療従事者や感染拡大防止の現場に立つ方々に対して最大限の敬意を表したい。いまの私は、さまざまな企業のアクションを見て「もし自分がまだ現役なら、知恵を絞って何かお役に立つこともできたかもしれない」と報道を見るたびに残念な気持ちになる。

政府の緊急対策融資や家賃補塡、各種補助金のおかげで、一時の窮状は乗り切れても、いつ収束するかわからないこの「コロナ禍」にあって、適切な対応が取れる経営者がどれくらいいるのだろうか。正解がわかれば、経営者にとって最高の「ワクチン」となるはずなのだが……。それ以前に収束などせず、これから先ずっとこの目に見えない妖怪と付き合っていかざるを得ないのかもしれない。

ともあれ社会は劇的に変わっていく。これまでの常識などすべて塗り替えられていき、嫌でもその新常識の中で生きていかなければならない。そういう意味では「変化できる者だけが生き残れる」との教えは正解だろう。

飲食店のテイクアウトやデリバリー、オンライン飲み会、学校のリモート授業、ライブ配信、ウェブ観光、オフィス移転、リモートワーク……。この中には「変化」ではなく、当面の急場をしのぐための「やり繰り」も含まれる。

「いつかはもとに戻るだろう」と期待するが、それが過去の好調な時代への回帰を指すなら、妄想でしかない。

「７割経済を前提に経営すべき」などと言われているが、あなたの会社の売上が今の７割になっても成り立つだろうか？　スーパーやまとなら１割減でも成り立たない。

「コロナで潰れたんじゃない、それまで厳しかったことに加えてコロナが引き金になったんだ！」

潰れた会社に対する心ない発言も耳にする。経営者は必死でやっていたはずである。私には、その予備軍である地元の社長たちの顔が目に浮かぶ。

コロナ禍によって民間企業と非営利企業（公務員等）、被害を受ける会社とその消費者、日本と諸外国、東京と地方、地方なら街と田舎、これらの「分断」が始まった。早い話、「コロナ禍の影響を受ける人と受けない人」との大きな分断である（社会はリンクしているので、結果的にはすべての人に影響が及ぶのだが……）。

具体的には書かないが、職業に対する差別や偏見もある。そこで生きるために働く人の負担が大きくなっていくのは、見ていて忍びない。

私は経済評論家や医療関係者ではないので、あくまで元経営者（ただし倒産社長）の視点で不安を抱えている経営者に対して、何か助言できることはないかと思案する。

厳しい言い方をお許しいただければ、もし放漫経営で潰れても、コロナの影響で潰れても、裁判所はなんの手ごころも加えてくれない。多少世間の同情を買えることや、裁判所への出頭回数が減ることはあっても、最終的には経営者の資産を始め、それまで築いてきたものすべてが、その処理のために差し押さえられ、換金されて債権者に配当される。そして連帯保証している社長や身内は自己破産へと転落。

それとは別に、法的処理によらない夜逃げ、閉店、営業店舗譲渡など数字に現れない「終わり」の数は想像を絶する。

やはり倒産は最も避けたい現実である。一般論はさておき、会社の倒産とは、すなわち社長（そしてその一族）の死を意味する。

「大丈夫、会社が潰れても、そのあといくらでもやり直しがきくから！」などと、儲かっている社長から慰められても私は元気が出なかった。

会社はキャッシュがあれば、いくら赤字でも潰れることはない。赤字の事業はそのままではただの慈善事業になってしまうが、喜んでくれる人がいる社会的価値があれば、継続にも意味があるだろう。だからと言って銀行から融資を受けるために按分して決算書を「お化粧」しても、抜本的な改善がなければ長くは続かない。薄化粧から厚化粧になるだけで地肌は年々傷んでいく。

中には金融機関の支店担当者や税理士から「少しの赤字なら黒字にしましょう。ここをこうして！」とアドバイスされることがあるが、銀行はしっかりと化粧の程度を承知しているため、無駄な作業とも言える。

逆に納税を避ける（減らす）ためにわざわざ赤字にする会社もある。こちらはきっと誰かに税務署にチクられ、遡って根こそぎ持っていかれるので要注意だ。

いずれもあなたの会社はそんなことはしないと思うので安心している。

さて、売上が激減し、固定費の支払いに追われるようなら、迷わず国や県の緊急融資や給付金・補助金を頼ろう。「困ったときはお互い様」である。私たちは律儀に事業税を払い、消費税の徴収手数料ももらわずに国へ納め、従業員の保険負担もしてきた。街や商店街の催しにも積極的に参加してきた。「生きるか死ぬか」のまさにいま、手を差し伸べてくれるものはすべてありがたく利用させてもらおう。良くなったらまた国に恩返しすればいいのだから。潰れてしまえばそれも叶わない。

「これを機に会社や店をたたむことも選択肢の一つだ」という意見もある。

借りても返す当てのない借金をするより、傷の浅い今なら辞めても再起できるのも事実である。しかし経営者にまだ創業当時のやる気とやり残したことがあるなら、私は事業の継続を期待したい。

「頼れるものをすべて頼って、やれることを全部やって、仲間と共に頑張ろう！」

そう思って会社を潰した私の言葉に、説得力はないが……。

コロナ禍にあるいま、政府系を含む金融機関や商工会議所、各地自治体の商工関係部署は親身に相談に乗ってくれるはずだ。無料の法律相談だってある。なにしろすべての事業者が厳しく、資金繰りに窮している。国からも「事業継続を支援せよ！」の号令がかかった。弱音を吐くならいまがそのときだ。分断された世の中で、「その人（会社や店）をなんとかしてあげたい！」という気概がその壁を溶かしていく。金融機関も行政もお客さんも動く。あなたが必要なら必ず振り子は返る。私は身をもって体験した。

これからは長い「非常事態」が続く。非常事態には非常事態用の対応が許される。いまから、それが無理なら明日から動いてみよう。前から嫌だったお願いの電話をかけることから始めてもいい。「打つ手は無限」である。

借金を一定期間、負債ではなく資本に組み込める「劣後ローン」を、中小企業融資に広めることもサプライズだ。私も以前、利用したことがある。これなら決算書が傷まないので、ぜひ掛け合ってみてほしい。前は見向きもしてくれなかった銀行から融資してもらえた事例をたくさん聞いた。ネット上にも資金繰りのアイデアが溢れている。

そうして資金繰りの面で当座のピンチをしのぐ間に、一番大切な本業での売上や利益の獲得のために具体的に動いてほしい。

安易に異業種に参入したり、奇抜な新商品ややみくもな広告宣伝に社運を賭けるより、いままで自社を支えてくれた地域や常連さんに向けた行動が最優先だろう。自分が大切にしてきた商圏や顧客こそ、あなたをこの窮地から救ってくれる「救世主」なのだ。もしなんの反応もないなら、それがこれまでやってきたことに対する「振り子」である。

「頑張ってほしい」

「なくなると困る」

「お世話になったから」

理由はなんでも構わない。顧客のこの望みを叶える術を、こちら側から提示してあげることだ。

商店街を挙げての「まちゼミ」でもいい。「困っています、助けてください！」とみんなに頼むことだって、恥ずかしくはない。飲食店を救うための「前払いシステム」があれだけ普及したことを見てもわかる。人の成功例はそのままマネさせてもらおう。人は必死に戦っている人を応援する。そして見捨てることはない。

本業とは関係ない銀行の勧誘で始めた「為替デリバティブ」などの金融商品、趣味で始めた「ＦＸ取引」「仮想通貨」などはいますぐ損切りして手元資金に回そう。分不相応の車のリースも契約切れを待って止めてしまおう。会費要員の所属団体に入会している意味はない。もう誰もあなたの悪口なんか言わない、自分のことで精いっぱいなのだから。メディアへの売り込み？　慈善活動のプレスリリース？　「要らない、要らない！」。潰れたら向こうから取材に来る。

店舗のオーナーだって、新規のテナントを探すより、現状の賃料を下げてでもあなたに借りてもらいたい。ショッピングモールのテナントなら皆さんでそのオーナーに掛け合ってほしい。「大家と店子」は上下の関係ではなく、パートナーのはず。自分の立場は弱いと怯むことはまったくない。１円も下げてくれないような大家は、消費者からの評価ももらえなくなるだろう。

それでもダメなら彼らが盾に取る「賃貸借契約書」に従って撤退してしまおう。これからは赤字店舗を無理して継続していく余裕などない。大手企業の撤退の早さを見ればわかる。納得できない違約金請求に対しては、毅然として異議を主張すべきだ。判断は専門家と世論に任せればいい。

いずれも「恥ずかしい」とか「面倒臭い」「お世話になったから」などと言っている場合じゃない。あなたと家族、従業員の未来を天秤にかければ、できないことなんてない。自分も知らなかった「火事場の馬鹿力」がきっと発揮されるはず。時は「非常事態」なのだから。

削減する経費についてはぜひ優先順位をつけて、まずは自分に関わることから始めてほしい。その姿勢を周りのスタッフがしっかり見ている。チームワークが乱れたら企業の存続など不可能だからだ。

それでも去っていく仲間がいる？　当然である。いまより良い条件で迎えてくれる会社もあるだろう。新天地に対しては不安より期待のほうが大きい。悔しくもあるが、笑って送り出そう。そして残された仲間で見返してやろう。それが経営の原動力になるはずだ。

いままさに、経営者の矜持（プライド）が試されている。これまでのように、なんとなくやってこられた時代は終わった。他人事だった経営危機が多くの会社に降りかかり、失業者も増えていく。誰もその当事者にはなりたくない。動くことは誰でも嫌だし、頭を下げたり順番を待つのも嫌、人にあれこれ言われることも嫌である。しかしそれらの耐えがたい「辛抱」を乗り越えたとき、見える景色が必ずある。

生活に困らない知識人が「これからコロナの影響で自殺者が増える」などと軽々しく語る様は少し説得力に欠けるが、そこからギリギリ戻ってきた私が言えば、少しはわかっていただけると信じている。

おわりに

3年も経つと、いろいろ教えてくれる人が出てくる。

「やまとの店舗は裏で配分先が決まっていたらしいよ」

「倒産した夜、セコムを解除して店に入り商品を持ち出した社員がいたよ」

「例の取引先が、社長の評判を内緒で従業員に聞き取りに来てたよ」

「レジにある釣り銭の準備金をくすねようとしたヤツもいる」

「とっくにやまとを辞めたのに、ちゃっかりやまと向けの求人に申し込んだ人がいる」

もういい、過ぎた話だ。すべて社長だった私の責任である。


どんなに頑張っても、どんなに祈っても駄目なときはある。

とことんできることをやり切って、それでもダメだったら、その時は胸を張って店を閉じよう。決して恥ずかしいことじゃない。

運命に身をまかせなければならないときは、それぞれの経営者に訪れる。倒れるなら前向きに倒れよう。倒産や自己破産だけでなく「私的債務整理」や「個人再生」など、リスタートしやすいソフトランディングだって用意されている。

人間の寿命には限りがある。絵に描いたような理想のハッピーエンドは映画やドラマにしかない。人生は汚れてなんぼ、親愛なる立川談志師匠は「人生は死ぬまでのひまつぶし」と説いた。その「壮絶な」ひまつぶしに挑戦しようじゃないか。

私が本書を書いたのは、負け惜しみや同情を買いたいためではない。

行き場をなくした人に向かって「こんなバカもいましたよ、そうならないように気をつけてくださいね！」と言い、「できることは無限にありますから、恥ずかしがらないで動きましょう！」と伝えるためである。そして「失敗しても自分で絶たない限り、命までは取られない」ことを知ってほしいからである。

「動けば必ず変わる」ことを学んだ者として。

ふと頭をよぎる。

元従業員は元気に暮らしているだろうか？　ホームレスのSさんはいまどうしているだろうか？　フードバンクの食料は足りているのか？　この先自分はどうなっていくのか……。

台風で被災した長野県のリンゴ農家のボランティアに、やまとの赤いジャンバーを着て駆けつけた男性。女性よさこいチームがやまとの赤いジャンパーを着て見栄を切る後ろ姿。ＳＮＳで嬉しい姿を見ることもある。消え去った「やまと」のことを忘れていない人たちがいることを知り、本当に嬉しく思う。

自分の過去の体験から、強いもの、大きなものに対する闘争心が人一倍強く、「自分がやらなきゃ誰がやる！」と意固地な正義感を燃やして突っ張ってきた。

そしていまさらながら、そのことと、しっかり利益を積み重ねて会社を安定して経営していくことにはバランスが必要であることも知った。それは十分承知の上でやってきたが、もはやスーパーやまとは令和の時代に生き残れる会社ではなかった。

ではなぜ、社会は社長である私を救ってくれたのか……？

その輪の中心は、昭和や平成の時代をやまとと共に闘った住民や取引業者だった。山梨の田舎で、いつも理不尽さや劣等感を感じていた人々は、あのヤンチャな社長が表舞台で拳を上げる姿に心の中で「待ってました！」とエールを送ってくれていたに違いない。あくまでも私のうぬぼれた憶測でしかないが。

２００８年度の中小企業診断士試験の事例問題にも取り上げられたスーパーやまとの経営手法は、他の模範となるとお褒めの言葉をいただいた。

「なぜこのスーパーはこうまでして地域に根ざすのか?」の設問の模範回答は、「顧客をファンにさせ、繰り返し来店してもらうことで利益を確保していく」だったと記憶する。

「ぶっ殺すリストをつけていたから!」と回答したであろうその社長は、中小企業診断士にはなれなかったはずだ。中小企業の生き残り策の見本にならなければいけない会社が潰れてしまい、本当に申し訳なく思っている。いまなら反面教師として良い事例になれるかもしれない。

「ロッキー」「ショーシャンクの空に」、エミネムの「8マイル」、健さんの「野性の証明」など、リターンマッチの映画は何度も観た。そんな本もたくさん読んだ。過ぎた時間に思いをはせ、黄昏れながら歳を重ねるのもごめんだ。

「なるようになる、それが答えさ♪」ビートルズはそう綴った。

このままでは終われない。例のリストはいまも消えていない。

「まだ懲りないのか?」そんな声がどこからか聞こえてくる。

この経験が無駄ではなかったことを証明するためにも、限りある残りの人生に向かって

「ハイ、次っ！」と、あのときとは違うゲートをくぐろう。

最後に、この筆舌に尽くせない過酷な状況の中、一緒に生きてくれた妻、２人の娘たち、家族の一員老犬マロン、コロナ禍の最中、天国に旅立ったおばあちゃんに最大限の感謝を込めて筆を置くことにする。

「大丈夫、心配ない、潰れてもなんとかなる。なんとかするんだ！」

著者略歴

小林久（こばやし　ひさし）

株式会社やまと元代表取締役社長
1962年生まれ。山梨県韮崎市出身。1912年（大正元年）創業の鮮魚店「やまと」の三代目として育ち、大学を卒業後、同業スーパーの青果部で修業、その後家業である㈱やまとへ入社。39歳で代表取締役社長に就任すると、経営改善に着手。赤字経営をV字回復させた。民生分野では県の教育委員長も務め、学校等での講演会は300回を超える。2017年12月、信用不安からくる業者の納品停止をきっかけに事業継続を断念。会社は甲府地裁に破産を申請。翌年3月、自身も破産宣告を受けた。妻、放送局勤務の長女、デザイナーの次女の4人家族。

ホームページ　https://www.kobayashihisashi.com

続・こうして店は潰れた
地域土着スーパー「やまと」の挫折と教訓

2020年9月17日　初版発行

著　者 ―― 小林久

発行者 ―― 中島治久

発行所 ―― 同文舘出版株式会社

東京都千代田区神田神保町1-41　〒101-0051
電話　営業03（3294）1801　編集03（3294）1802
振替00100-8-42935
http://www.dobunkan.co.jp/

ISBN978-4-495-54074-6

印刷／製本：三美印刷

Printed in Japan 2020